ro
ro
ro

rororo

Zu diesem Buch

Haben Sie sich auch schon einmal auf Erfolgskurs begeben – und dann machte Ihnen eine unvermutet auftauchende Krise einen Strich durch die Rechnung? Sie könnten nun die Flinte ins Korn werfen und sagen: «Pech gehabt!» Sie können aber auch mit Hilfe dieses Buches lernen, Pech in Gold zu verwandeln.

Überlebenskünstler verbreiten keine verbissenen Durchhalteparolen. Sie beherrschen vielmehr die kreative Kunst, erfolgreich gegen den Strom zu schwimmen, in Niederlagen ihre Chancen zu entdecken und auf spielerische Weise dem allgemeinen Abwärtstrend ein Schnippchen zu schlagen.

Diese 15 Gewinnerstrategien helfen Ihnen, auch dann auf Erfolgskurs zu bleiben, wenn es schwierig wird. Ob im Job oder im Privatleben – Siegen fällt leicht, solange die Dinge gut laufen. Was aber tun, wenn Hindernisse auftauchen? Greifen Sie zu diesem Buch und setzen Sie seine Strategien in die Tat um. Nichts und niemand wird Sie mehr aufhalten können!

Der Autor

Frank Naumann, geboren 1956, studierte Philosophie, Biologie und Psychologie in Berlin. Heute arbeitet er als promovierter Kommunikationspsychologe und freier Autor. Als rororo Sachbücher liegen vor «Die Kunst des Smalltalk» (60847) und «Die Kunst der Diplomatie» (61570).

www.dr-frank-naumann.de

Frank Naumann

Kleiner Machiavelli für Überlebenskünstler

15 Gewinnerstrategien
in Krisenzeiten

Rowohlt Taschenbuch Verlag

Originalausgabe
Veröffentlicht im Rowohlt Taschenbuch Verlag,
Reinbek bei Hamburg, September 2005

Lektorat Martina Behrens
Umschlaggestaltung ZERO Werbeagentur, München
(Illustration: Susanne Kracht, München)
Satz Pinkuin Satz und Datentechnik, Berlin
Druck und Bindung Druckerei C.H. Beck, Nördlingen
Printed in Germany
ISBN 3 499 61988 1

Inhalt

Einleitung

Wer würde nicht gern ununterbrochen von Erfolg zu Erfolg schreiten? Leider entwickeln sich die Dinge häufig jedoch nicht so, wie wir sie ursprünglich geplant haben. Unvorhergesehene Ereignisse werfen die Finanzplanung über den Haufen, Freunde lassen einen im Stich, wenn man sie am nötigsten braucht, die «ewige» Liebe macht sich ungeachtet aller Treueschwüre ohne Vorankündigung mit der halben Wohnungseinrichtung und dem gesamten gemeinsamen Konto aus dem Staub, und zu allem Überfluss beginnt noch ein neidischer Kollege, an dem Stuhl zu sägen, den man sich gerade erst mit vielen Überstunden und einem Quäntchen Glück erkämpft hat.

In den aufmunternden Sprüchen professioneller Erfolgsgurus kommen Niederlagen nicht vor. Vielmehr empfehlen sie: Setzen Sie sich ein hohes Ziel, malen Sie sich Ihren Lebenstraum vor Ihrem geistigen Auge in leuchtenden Farben aus und überwinden Sie Momente der Trägheit mit optimistischer Selbstmotivation. Von gelegentlichen Rückschlägen lassen Sie sich nicht entmutigen, sondern halten durch, bis Sie Ihre persönliche Ziellinie überschreiten und den Lohn Ihrer Mühen einsammeln. Doch wenn Wille und Ausdauer genügen – warum gibt es dann nicht mehr erfolgreiche Leute?

Eltern und Lehrer ermahnten uns: Ohne Fleiß kein Preis. Damit förderten sie den Irrglauben, dass auch die Umkehrung gelte. Großer Fleiß werde garantiert mit einem großen Preis belohnt. Wir könnten alles erreichen, wenn wir nur entschlossen und hartnäckig vorwärts streben. Von wegen! Manch einer rennt voll Eifer gegen die Wände einer Sackgasse an – unter Umständen sein Leben lang.

Schauen wir nur einmal in die Biographien genialer Künstler, Unternehmer und Forscher! Goethe landete schon in jungen Jahren mit seinen «Leiden des jungen Werthers» einen Bestseller, war aber überzeugt, dass ihn die Nachwelt nicht als Künstler, sondern als großen Forscher feiern würde. Es kam anders. Seine Farbenlehre, in die er viele Jahre investierte, um Newton zu widerlegen, gilt nur noch als eine Kuriosität. Seine Theaterstücke jedoch werden in aller Welt gespielt, seine Gedichte sind Lehrstoff an der Schule.

Gauguin war mit Anfang vierzig ein erfolgreicher Finanzjongleur. Erst eine Wirtschaftskrise veranlasste ihn, seinen Beruf an den Nagel zu hängen und als Maler sein Glück zu versuchen. Den großen Erfolg seiner Gemälde hat er nicht mehr erlebt. Heute sind sie Millionen wert.

Gregor Mendel, der Entdecker der Vererbungsgesetze, fand ab 1900 erste Anerkennung – da war er schon sechzehn Jahre tot.

Der Philosoph Arthur Schopenhauer war ein alter Mann, als sich endlich Käufer für seine Bücher fanden, die er als Jüngling geschrieben hatte. Glück im Unglück: Er hat seinen Durchbruch wenigstens noch erlebt.

Richtiges Pech hatte der Däne Karl Krøyer. Er verwirklichte Ende 1964 die grandiose Idee, den gesunkenen Frachter Al Kuwait von Millionen luftgefüllter Plastikbällchen zu heben. Das Vorhaben gelang. Ziel, Kreativität, Hartnäckigkeit – alles stimmte. Doch als er seine Methode zum Patent anmelden wollte, erwartete ihn eine unangenehme Überraschung. Abgelehnt! Die Idee hatte schon ein anderer vor ihm veröffentlicht. Der Autor und Zeichner Carl Barks hatte 1949 in Folge 104 der Walt-Disney-Comics Donald Duck, die berühmte Ente mit dem Matrosenanzug, vor die Aufgabe gestellt, die Yacht ihres Onkels zu heben. Sie schaffte es – mit Hilfe von Pingpongbällen. Karl Krøyers Traum vom großen Geld blieb unerfüllt.

Doch selbst wenn der schnelle Sprung auf das Siegerpodest gelingt - die meisten sind genauso rasch wieder in der Versenkung verschwunden. Denken Sie nur an die vielen Castingshows, die alle paar Wochen neue Gesichter in das Licht der Öffentlichkeit schubsen. Für die Gewinner läuft zunächst alles wie von selbst. Agenturen lenken jeden ihrer Schritte, Journalisten stehen Schlange wegen Interviews, und Ghostwriter schreiben ihnen ihre Autobiographien. Sie selbst brauchen nichts weiter zu tun, als ihr aufgesetztes Lächeln in die Kamera zu halten. Bis die nächste Show Nachfolger wählt. Egal, ob wir Hitparaden, Bestsellerlisten oder Unternehmensgründungen unter die Lupe nehmen - aus der Masse der Eintagsfliegen hebt sich nur eine geringe Zahl beständiger Karrieren heraus.

Sind dauerhafte Erfolge also reine Glückssache? Nicht, wenn Sie die Kunst beherrschen, Stolpersteine in Wegmarken zu verwandeln.

Vom Sinn der Krise

Sie und ich, wir verdanken unsere Existenz einer schweren Krise. Und nicht nur wir, sondern auch alle übrigen Menschen, ja sogar unsere Haustiere Hund und Katze sowie Nutztiere wie Rind, Pferd, Schaf und Schwein. Uns alle gäbe es nicht, wenn nicht vor 65 Millionen Jahren ein Asteroid auf die Erde gestürzt wäre. Wahrscheinlich würden noch immer riesige Dinosaurier über das Festland wandern. Säugetiere könnten sich nur nachts aus ihren Verstecken hervorwagen und erreichten lediglich eine Größe von wenigen Zentimetern.

Bekanntlich kam es anders. Nach der Explosion verdunkelte aufgewirbelter Staub für etwa acht- bis zwölftausend Jahre den Himmel. Das Klima kühlte schlagartig ab. Die einst so reiche Vegetation ging ein. Es herrschten derart unwirtliche Bedingungen auf unserem Planeten, dass die bisherigen Sieger im Kampf ums Dasein binnen kurzer Zeit allesamt ausstarben.

Jetzt schlug die Stunde der kleinen Säugetiere. Sie waren hervorragend an Dunkelheit und genügsame Lebensbedingungen angepasst. Sie hielten der Kälte stand und überwinterten ohne größere Probleme. Als sich das Klima nach einigen tausend Jahren wieder normalisierte, eroberten sie die leeren Lebensräume der Saurier. Es kamen Mäuse, Huftiere, Affen und schließlich der Mensch.

Ohne urzeitliche Krise hätte es also kein intelligentes Leben gegeben! Sie lieferte die Herausforderung, die die Evolution auf eine neue Stufe hob. Auch unser modernes Leben kennt Krisen und Rückschläge. Zeiten, in denen die Dinge nicht so gut laufen. In denen wir Verluste erleiden und ärmer dastehen als zu Beginn. Und dennoch – immer wieder gibt es eine kleine Hand voll von Glückskindern, denen es gelingt, eine Pechsträhne als Gewinner zu beenden. Börsenguru André Kostolany war so ein Fall. Als junger Mann sagte er sich im Jahre 1929: «Wenn alle à la hausse spekulieren, dann muss ich haargenau das Gegenteil machen.» Der große Börsenboom der 20er Jahre, in der jeder auf ein weiteres Steigen der Aktien hoffte, konnte nicht anhalten. Also setzte Kostolany auf fallende Kurse. Als dann am 14. Oktober – dem berühmten «Schwarzen Freitag», der in Wirklichkeit auf einen Donnerstag fiel – die Kurse einbrachen, verdiente er sich eine goldene Nase.

Machiavelli statt Meckern und Klagen

In guten Zeiten voranzukommen, ist nicht so schwer: Sie springen auf den fahrenden Zug der Sieger auf und sichern sich Ihren Anteil am großen Kuchen. Doch jede Zugstrecke hat irgendwo ein Ende. Sind die Weichen rechtzeitig gestellt, kann die Bahn ihre Fahrt auf einem anderen Gleis fortsetzen.

Wenn nicht, endet die Reise ziemlich abrupt im Niemandsland.

Erst in Krisenzeiten zeigt sich, wer das Zeug zum Gewinner hat. Sind Sie ein Stehaufmännchen? Wenn alle Throne wackeln – werden Sie unerschütterlich das Zepter in der Hand behalten? Werfen wir einen Blick auf die Zeit vor 500 Jahren. Damals erschütterten schwere politische Krisen das zersplitterte Italien. Papsttum und verschiedene Stadtstaaten, die von Einzelnen beherrscht wurden, kämpften um die Vorherrschaft. Zu ihren bevorzugten Mitteln gehörten der Verrat an auswärtige Feinde, Attentate und Giftmorde. Der Italiener Niccolò Machiavelli zog vierzehn Jahre als Gesandter der Republik Florenz durch Europa und lernte die Unsicherheiten seiner Epoche am eigenen Leibe kennen: Am Ende wurde er gar der Verschwörung beschuldigt, in Unehren entlassen und machte Bekanntschaft mit Gefängnis und Folter. Erst nach Jahren kam er frei.

Kein Wunder, dass ihn fortan die Frage beschäftigte, wie man Nutzen aus unsicheren Zeiten zieht. In seinem Hauptwerk «Der Fürst» finden wir dazu eine Reihe überraschender Einsichten, die für seine Zeit neu und höchst originell waren, zum Beispiel:

Individualismus: Ein starker Einzelkämpfer kann eine Erfolgsgeschichte in Gang setzen, wenn er kluge Bündnisse zu schließen versteht.

Flexibilität: Kein Mittel ist von vornherein auszuschließen, solange es zum gewünschten Ergebnis führt.

Erfolgskriterien: Ein solider Erfolg zeichnet sich durch Dauer, Stabilität und Nutzen für alle aus.

Pragmatik: Jeder Einzelfall ist anders und muss nach den konkreten Umständen beurteilt werden statt nach einer abstrakten Moral.

Motivation: Menschen werden durch Interessen gelenkt, nicht durch Appelle an Güte und Vernunft.

Seitdem haben Psychologie, Evolutionstheorie, die Wirtschaftswissenschaften und viele andere Disziplinen das Wissen um menschliches Handeln in Krisensituationen bereichert. Allerdings gibt es nur wenige, die es auch nutzen. Sonst wäre nicht zu erklären, warum die meisten Menschen immer wieder in die gleichen Fehler verfallen, sobald sich die Umstände verschlechtern. Solange es aufwärts geht, richten sie sich auf Wachstum ein und wachsen mit. Ist der Gipfelpunkt überschritten, bricht Panik aus. Typische Fehler in Krisenzeiten sind:

- Schulden machen,
- verkaufen, weil alle verkaufen,
- weitermachen wie bisher,
- den Kopf einziehen und alle Aktivitäten herunterfahren,
- bis zum Umfallen schuften, um die Verluste auszugleichen,
- in Selbstmitleid schwelgen,
- alles hinwerfen und rufen: «Man hat mich betrogen!»

Machiavelli hätte allen Grund zum Jammern gehabt, nachdem man ihn jahrelang unschuldig verfolgte. Er beschloss jedoch, aus früheren Fehlern zu lernen und uns sein Wissen mitzuteilen. Was machen Leute anders, die Krisen als ihre Chance begreifen? Die Antwort liefert Ihnen dieses Buch. Dafür habe ich drei Arten von Quellen herangezogen:

1. die Erkenntnisse Machiavellis und seiner Nachfolger,
2. das moderne Wissen aus der Forschung über die gesetzmäßigen Abläufe von Krisen, denn die Natur hat über Millionen von Jahren effektive Mechanismen gefunden, Schwierigkeiten zu bewältigen,
3. Autobiographien, Berichte und Interviews von Personen, die aus einer Krise heraus ihre Karriere starteten.

Dabei habe ich 15 Strategien entdeckt, die in unsicheren Zeiten immer wieder die wenigen Gewinner von den vielen Verlierern trennten. Sie drehen sich um die Kunst, im rechten Moment gegen den Strom zu schwimmen, in der Krise mit dem Aufschwung und während des Aufschwungs mit kommenden Krisen zu rechnen. Ihr Anwendungsbereich ist universell. Ob es um Ihre Gesundheit, Ihr Privatleben oder Ihr berufliches Fortkommen geht – die Regeln des aktualisierten Machiavelli helfen überall.

1.
Werden Sie aktiv, bevor das Kind in den Brunnen fällt

«Was soll das heißen – funktioniert nicht?» Hochrot vor Zorn brüllte Ed, Luftwaffenoffizier und Physiker aus Leidenschaft, seine Empörung ins Telefon. «Das lass ich nicht auf mir sitzen! Ich komm rüber.»

Ed warf den Hörer auf die Gabel und stiefelte mit Riesenschritten zu seinem Jeep. Nicht mit mir! Er tobte. Seine Maschine, sein ganzer Stolz! Monatelang hatte er an dem Gerät herumgebastelt, einem Apparat mit sechzehn Sensoren, gebaut, um die Gravitationskräfte zu messen, denen ein Pilot während der Beschleunigung seines Flugzeugs ausgesetzt war. Jedes Detail hatte er überprüft, immer wieder, obwohl ihn seine Bosse von den Wright Field Aircraft Laboratories seit Wochen nervten, wann die Messvorrichtung endlich fertig sei. Und jetzt, an dem schönen Frühlingstag 1949, als er neben dem Telefon gewartet hatte, um das Lob für seine gelungene Ingenieursleistung entgegenzunehmen, schallte ihm statt der erwarteten Anerkennung ein mäkeliges «Funktioniert nicht» entgegen.

Eine Staubwolke hinter sich lassend, jagte er zum Stützpunkt. Ed achtete nicht auf die Gesichter der peinlich berührten Experten, nicht auf die fragenden Mienen seiner Kollegen und nicht auf den ratlosen Piloten. Sein Blick galt allein seiner Apparatur. Und als er sich über die Kabel beugte, verwandelte sich sein Zorn in ein siegesgewisses Grinsen. Er drehte sich um und fragte: «Wer hat die Sensoren angeschlossen?»

Das Raunen der Männer erstarb.

«Ein Dehnungsmesser lässt sich auf zweierlei Weise anschließen, meine Herren. Richtig oder um 90 Grad verdreht. Wem ist das Kunststück gelungen, sämtliche 16 Sensoren auf die falsche Art anzuschließen?»

Alle Blicke wendeten sich zu dem kleinen Techniker im Hintergrund, dessen Gesicht gerade die Farbe einer reifen Tomate annahm.

Erfolgreich daneben

Hätte der 32-jährige Luftwaffenoffizier, den alle seine Kameraden nur Ed riefen, lediglich ein Messgerät für Beschleunigungskräfte erfunden, würde sich heute kaum noch jemand an seinen Namen erinnern. Doch bei der Pressekonferenz zu der missglückten Premiere wollten die Journalisten wissen, wie es zu dieser Panne kommen konnte. Ed zog sich mit dem Satz aus der Affäre: «Wenn irgendetwas schief gehen kann, dann wird es schief gehen.»

«Darf ich Sie so zitieren?»

Ed zuckte die Schultern.

«Sagen Sie mir Ihren vollständigen Namen?»

«Captain Edward Aloysius Murphy.»

Das Zitat verbreitete sich innerhalb weniger Tage über Zeitungen und Radiostationen und erlangte schließlich als Murphys Gesetz weltweite Berühmtheit. Millionen von Pechvögeln sind ihm seither zum Opfer gefallen. Zu ihnen gehört der Autofahrer, der – weil er jahrelang unfallfrei fuhr – die teure Vollkaskoversicherung kündigte und prompt auf der Heimfahrt einen Totalschaden erlitt. Oder der Ehemann, der seine Affären während seiner Dienstreisen diskret vor den Augen seiner Gattin verbarg, bis sie auf die Idee kam, ihm als Überraschung zum zwanzigsten Hochzeitstag nachzureisen. Und schließlich die Berliner Familie, die ihr

Einfamilienhaus 1988 direkt an der Mauer baute wegen der himmlischen Ruhe. Im Osten abgezäunte grüne Wiese, im Westen Sackgasse statt Durchgangsverkehr. Ein Jahr später fiel die Grenze, und der Mauerstreifen verwandelte sich in die Fernverkehrsstraße nach Potsdam.

Beträgt das Risiko einer Sache nur geringfügige 1 Prozent, bedeutet das: Sie wird 99-mal gut gehen, einmal aber geht sie daneben. Oder: Wenn hundert Leute sie ausprobieren, werden 99 begeistert sein, einer aber erlebt eine Blamage. Leider bedeutet es auch: Von hundert Angelegenheiten, die Sie in Angriff nehmen, werden Sie bei einer eine böse Überraschung erleben.

Wie hätte Murphy dem Reinfall vorbeugen können? Wahrscheinlich hatte er Dutzende von Fehlerquellen vorher überprüft, aber gerade an die eine - die zwei Anschlussvarianten der Sensoren - hatte er nicht gedacht. Irgendein Detail geht auch dem aufmerksamsten Perfektionisten durch die Lappen, und ausgerechnet dort schlägt das Schicksal zu. Doch Murphy hatte die Möglichkeit, sich abzusichern, also

- die Installation der Apparatur zu überwachen,
- kurz vor der Premiere einen Probelauf durchzuführen,
- bei der Premiere dabei zu sein.

Stattdessen betrachtete er seine Aufgabe mit der Fertigstellung des Gerätes als erledigt. Er wusste ja, dass es funktionierte. Vielleicht lieferte er es sogar mit der flapsigen Aufmunterung «Wird schon schief gehen» bei den Technikern ab - prompt wurde aus dem Spruch Wirklichkeit.

Das Risiko der Risikovorbeugung

Warum sollte es nicht gelingen, alle Gefahren vorher einzukalkulieren? An Warnungen vor Risiken mangelt es nicht. Medien, Wissenschaftler und Politik mahnen uns fast täglich zur Vorsicht. Nach Terroranschlägen oder dem Ausbruch von Seuchen bieten die Reisebüros sogar an, gebuchte Flüge in Krisengebiete zu stornieren. Leider ist der Teil der Welt, der nach Auskunft des Auswärtigen Amtes noch als sicher gilt, ziemlich klein geworden. Und das ist nicht alles. Klimaerwärmung, UV-Strahlung, BSE, Acrylamid, Ölkrise, Steuerreform - wovor soll ich mich zuerst schützen? Wie verhält man sich am besten angesichts einer Flut von Horrormeldungen? Zu Hause bleiben? Sämtliche Warnungen in den Wind schlagen? Oder detailliert den Empfehlungen der Experten folgen? Weder noch. Die wahren Risiken lauern ganz woanders.

Von Benjamin Franklin, Erfinder des Blitzableiters und einer der Väter der amerikanischen Unabhängigkeitserklärung, stammt der Satz: «Nichts ist gewiss in dieser Welt außer dem Tod und den Steuern.» In der Tat haben wir Schwierigkeiten zu erkennen, wo es wirklich gefährlich zugeht. Zahlreiche Studien brachten an den Tag, wie weit unsere Befürchtungen und die tatsächlichen Gefahren auseinander klaffen.

Wir überschätzen Gefahren, die sich unserer Kontrolle entziehen. Worauf wir keinen Einfluss nehmen können, scheint uns besonders gefährlich. Wir fühlen uns diesen Dingen schutzlos ausgeliefert. Nicht der Wunsch, die Natur zu schützen, sondern die Angst vor Pestiziden und Düngemittelresten in der Nahrung ist der Hauptgrund, warum teurere Produkte aus dem Bioregal immer mehr Abnehmer finden. Die Entwarnung der Deutschen Gesellschaft für Ernährung, dass in «normalen» Früchten die Belastung weit unter jeder Gefahrengrenze liegt, ändert nichts an der Angst. Obwohl Bioprodukte aufgrund der Anbaubedingungen häufig weniger Vitamine enthalten als industriell angebautes Obst und Gemüse. Wer von uns schwört nicht auf Früchte aus eigenem Anbau? Der Hobbygärtner weiß wenigstens, auf welchem Boden seine Erdbeeren gewachsen sind.

Wir unterschätzen Gefahren, auf die wir Einfluss haben. Das weitestverbreitete Risiko ist das Rauchen. Jedes Jahr sterben allein in Deutschland über 100 000 Menschen an den Folgen. Raucher halten jedoch ihr persönliches Risiko für gering. Sie haben «alles im Griff». Gefährlich leben nur die anderen Raucher. Der eine sagt: «Zum Ausgleich fahre ich täglich mit dem Fahrrad.» Der andere meint: «Meine Großtante ist Kettenraucherin und immerhin schon 86.» Ein Dritter erklärt: «Vielleicht werde ich vorher vom Blitz erschlagen.» Dass die Todesrate durch Blitze nur ein Bruchteil der Todesrate durch Nikotin beträgt, weiß er auch. Aber er ist ja live dabei, wenn er raucht, und behält den Überblick, während die Gefährdung zunimmt. Das ergibt die Illusion, alles unter Kontrolle zu haben. Natürlich geht es nicht nur Rauchern so. Auch Übergewichtige, Magersüchtige oder Leute, die ihr Geld in riskanten Aktienkäufen verspielen, werden Opfer der Kontrollillusion. Sogar Heiratswillige. Vor dem Standesamt befragt, wie hoch sie ihr Risiko einschätzen, dass ihre Ehe später einmal vor dem Scheidungsrichter endet, antworten alle: «Null Prozent.» Dennoch wird etwa jede(r) Zweite von ihnen nach einigen Jahren einen Scheidungsanwalt engagieren.

Wir berücksichtigen die Schwere des möglichen Schadens, aber nicht die Wahrscheinlichkeit des Ereignisses. Wer steigt nicht mit einem mulmigen Gefühl in seinen Urlaubsflieger? Die Statistik sagt: Ein Fluggast kann 33 Millionen Kilometer fliegen, ehe er durch einen Absturz ums Leben kommt. Wenn Sie täglich tausend Kilometer weit fliegen würden, könnten Sie folglich damit rechnen, 32 999 Tage lang sicher anzukommen. Bei je einem 1000-Kilometer-Flug pro Woche also 630 Jahre lang. Das Risiko, beim Überqueren der Straße unter Autoräder zu kommen, ist 30-mal so hoch. Sie sind froh, dass Ihre Boeing heil gelandet ist, dabei beginnt jetzt erst der gefährlichste Abschnitt Ihrer Reise – die Fahrt mit dem Taxi vom Flughafen nach Hause. Dennoch fürchten wir das Flugzeugunglück hundertmal mehr. Der Grund, warum es in die Schlagzeilen gelangt, ist nicht nur der viel größere und auffälligere Schaden. Sondern auch, dass es im Unterschied zum Autounfall nicht jeden Tag vorkommt. Alltägliche Tragödien sind den Medien keine Meldung wert.

Wir überschätzen «unsinnliche» Gefahren. Was wir nicht riechen, schmecken, sehen oder hören können, erscheint uns unheimlich und deshalb tausendfach gefährlicher. Nach dem Unglück von Tschernobyl fürchteten sich die meisten mehr vor verstrahlten als vor giftigen Pilzen - tatsächlich starben aber auch nach 1986 Pilzsammler fast ausschließlich durch Verwechslung von Champignons mit Knollenblätterpilzen.

Wir überschätzen technische und unterschätzen gesundheitliche Risiken. Statistiker bestätigen, was jeder von uns weiß: Autofahren ist gefährlich. Aber nicht so sehr wegen der tödlichen Verkehrsunfälle. Sondern wegen des Mangels an körperlicher Bewegung. An Autounfällen sterben pro Jahr in Deutschland knapp 7000 Menschen, Tendenz sinkend. An Folgen von Bewegungsmangel mindestens zehnmal so viele. Tendenz steigend. Ein anderes Beispiel: Seit Jahren beklagen Mediziner die Impfscheu der Deutschen. Sie fürchten den «technischen» Eingriff in ihr Immunsystem. Es besteht zudem ein gewisses Restrisiko, an der Impfung selbst zu erkranken. Das ist für viele ein Argument, sich (oder die Kinder) nicht impfen zu lassen. Aber dieses Risiko beträgt nur einen Bruchteil der Gefahr, der Krankheit zum Opfer zu fallen, vor der die Impfung schützt.

Wir unterschätzen das eigene und überschätzen das fremde Risiko. Am leichtsinnigsten macht der Glaube «Mir kann nichts passieren - Unglücksfälle passieren immer nur den anderen». Er ist unter Extremsportlern weit verbreitet. Sie glauben durch die Bank, wegen ihrer persönlichen Vorsicht und Ausbildung unverwundbar zu sein. Wenn ein anderer verunglückt - der hatte eben nicht aufgepasst und besaß nicht genug Erfahrung. Unkalkulierbare Risiken - Materialfehler der Ausrüstung, ungewöhnliche Wetterumschwünge, Veränderungen des Geländes - bleiben so außer Betracht.

Noch erstaunlicher wirkt dieser Optimismus, wenn es um Kalorienbomben, Alkohol und andere Alltagsrisiken geht. Warum ich in aller Ruhe fremdgehen kann, ohne dass meine Frau was merkt? Ich kenne doch meine Frau!

Wir unterschätzen das Risiko, das andere mit uns teilen. Sitzen mehrere in einem Boot und teilen sich die Verantwortung, sind sie bereit, hochriskante Entscheidungen zu treffen. Die Gruppenmitglieder bestärken einander in ihrem Übermut und reden sich gegenseitig die Zweifel aus. Geht es dennoch schief, bin ich nicht allein schuld. Ich kann mich hinter den anderen verstecken. Diese Verzerrung der Realitätswahrnehmung unter dem Einfluss von Mitstreitern ist besonders gefährlich, wo Politiker und Militärs weitreichende Entscheidungen treffen.

Ein klassisches Beispiel war die versuchte Eroberung Kubas durch die USA im Jahre 1961. Anfang 1959 hatten die Truppen Fidel Castros die Macht auf der Insel übernommen und die von den Amerikanern unterstützte Diktatur von Fulgencio Batista gestürzt. Der amerikanische Präsident John F. Kennedy übernahm den Ratschlag wichtiger CIA-Leute, in geheimen Lagern Exilkubaner militärisch auszubilden und mit Unterstützung amerikanischer Truppen in Kuba einmarschieren zu lassen. Rund 1400 Kubaner landeten schließlich in der Schweinebucht. Das Unternehmen erwies sich von Anfang an als kompletter Fehlschlag. Zwei der amerikanischen Schiffe mit Nachschub wurden von den Castro-Truppen versenkt, die anderen beiden ergriffen die Flucht. Die Amerikaner, die ursprünglich ihre Beteiligung an der Aktion vor der Weltöffentlichkeit verheimlichen wollten, standen als die Blamierten da. Für die Castro-Regierung war dieser Sieg ein ungeheurer politischer Erfolg. Kuba erschien als das schwache Opfer, das den starken und aggressiven USA Paroli bieten konnte.

Das Gremium, das die Entscheidung getroffen hatte, bestand durchaus aus informierten und kompetenten Persönlichkeiten. Aber sie unterlagen dem Gruppendruck. Die Mitglieder (Verteidigungsminister Robert McNamara, Sonderberater Arthur M. Schlesinger und andere) vertrauten auf Kennedy. Kennedy wiederum verließ sich auf die Spezialisten des CIA und der Armee. In der Gruppe selbst herrschte eine Atmosphäre vorweggenommener Zustimmung. Fragen und Zweifel, die jeder Einzelne insgeheim hegte, verdrängte er zugunsten der Gruppeneuphorie.

Es mag beruhigend sein, für die Folgen nicht allein die Verantwortung zu tragen. Wenn infolge einer Fehleinschätzung die Firma Bankrott macht, kann es mich trösten, dass ich nicht der Einzige bin, der seinen Job verliert. Aber bin ich deswegen weniger arbeitslos? Wenn ich wegen meiner Scheidung mein Haus verkaufen muss, kann ich mir noch so oft sagen, dass auch der Expartner in eine Mietwohnung ziehen muss - mein Haus ist trotzdem weg.

Wann es lohnt, den Teufel an die Wand zu malen

Alle sehen das Unheil kommen, aber keiner schreitet ein: Diese lähmende Konstellation beschrieb der Nobelpreisträger Gabriel García Márquez in seiner Novelle «Chronik eines angekündigten Todes». Jeder im Dorf ahnt, dass Santiago Nasar den Tod finden soll. Die Brüder Pedro und Pablo werden ihre moralische Pflicht erfüllen und mit dem Messer die Ehre ihrer Schwester wiederherstellen. Beide haben jedoch nicht die geringste Lust zu der Bluttat. Sie zögern den Augenblick hinaus und hoffen, irgendwer werde sie auf ihrem Weg aufhalten. Vergeblich. Alle warten ab wie in Trance, und so nimmt die Tragödie ihren Lauf.

Wenn Menschen schon angesichts eines sicheren Unheils von Passivität befallen werden, wie sehr zögern wir erst, wenn keiner vorhersagen kann, was kommen wird! Krisen finden immer eine Lücke im Netz unserer Absicherungen.

Murphys Gesetz und unsere mangelnde Fähigkeit, Risiken richtig zu bewerten, bieten ihnen genügend Angriffsfläche. Also sorglos in den Tag hineinleben? Das ist auf Dauer auch keine Alternative. Nicht umsonst haben unsere Vorfahren vor 7000 Jahren den Ackerbau und mit ihm die Vorratswirtschaft erfunden, um Mangelzeiten vorzubeugen. Vorausschauendes Handeln ist ein zentrales Merkmal menschlicher Intelligenz geworden. Es kann einigen Katastrophen vorbeugen. Aber nicht allen.

Wie gehen Sie also am besten mit Risiken um? Sie können nicht im Detail wissen, welche Schwierigkeiten auf Sie zukommen werden. Doch eins ist sicher: dass es überhaupt Schwierigkeiten geben wird. Unvorhersehbar in ihrer Art und zu einem ungünstigen Zeitpunkt. Warum meistern Überlebenskünstler Krisen besser als andere? Weil sie vorbereitet sind. Weil sie mit der Möglichkeit rechnen, dass ihre Erfolgssträhne nicht ewig anhält. Sie stimmen nicht in die beliebte Klage ein: «Warum muss das ausgerechnet mir passieren?» Sie hoffen zwar wie jedermann, dass alles gut geht. Aber sie rechnen mit unvorhersehbaren Ereignissen. Wenn es schief geht, werden sie nicht von lähmender Hilflosigkeit befallen, wenn sich plötzlich eine längere Durststrecke auftut. Sollte das Blatt sich wenden, haben sie eine Ersatzvariante parat.

Die Zahl der Menschen, die all ihre Lebensziele erreichen, ist außerordentlich klein. Ehen werden geschieden oder enden in Resignation, Kinder erfüllen nicht die in sie gesetzten Hoffnungen, Unternehmenspleiten nehmen von Jahr zu Jahr zu, Karrieren enden irgendwo auf halber Strecke. Selten scheitern die Anwärter wegen mangelnder Fähigkeiten auf ihrem Fachgebiet oder im menschlichen Umgang. Das Aus kommt vielmehr, weil ein unerwartetes Hindernis alle Pläne über den Haufen wirft. Kaum jemand scheitert in guten Zeiten. Studien über die Gründe von Misserfolgen brachten immer wieder die gleichen Ursachen ans Licht:

- mangelnde Vorbereitung auf Durststrecken,
- wenig Wissen über Krisenmanagement,
- wenig Reserven,
- spätes Handeln.

Die erste Strategie zum erfolgreichen Überleben besteht darin, überhaupt mit Schwierigkeiten zu rechnen. Damit sind Sie der blauäugig hoffenden Mehrheit schon einen Schritt voraus:

Überlegen Sie sich in guten Zeiten eine Krisenstrategie. Bei Rückschlägen unbeirrt am Ziel festhalten? Der Schuss kann nach hinten losgehen. Ein Tunnelblick, der sich hypnotisch am fernen Ausgang festsaugt, nützt nur bei kleinen Stolpersteinen, die sich leicht beiseite räumen lassen. Aber wenn Sie in eine Sackgasse geraten, in der Sie auch nach mehreren Anläufen nicht weiterkommen, ist es Zeit, die Strategie zu wechseln. Es ist durchaus möglich, sich zu hundert Prozent für seine Karriere oder seine Familie zu engagieren und dennoch Alternativpläne für den Fall eines Scheiterns bereitzuhalten. Die entscheidenden Elemente einer guten Strategie für Notfälle lernen Sie in den folgenden Kapiteln kennen.

Bilden Sie Rücklagen. Als ein Großbrand in Stockholm vor über 30 Jahren die noch junge Firma IKEA an den Rand des Ruins brachte, zog Firmengründer Ingvar Kamprad die Lehre: «Nie wieder ohne finanzielle Reserven!» Seitdem hält er 14 Prozent des Jahresumsatzes als Bargeldreserve für unvorhergesehene Notfälle zurück. Untersuchungen von Finanzökonomen zeigen in der Tat: Wer jeden Monat 10 bis 20 Prozent seiner Einkünfte zurücklegt, ist gegen alle Wechselfälle abgesichert. Setzen Sie sich ehrgeizige Ziele, aber bringen Sie sich niemals in die Lage, ihre gesamten Ressourcen in die Waagschale werfen zu müssen. Auch wenn keine Katastrophe eintritt, benötigen Sie finanzielle Reserven

- für den (mit Sicherheit eintretenden) Fall, dass Ihre Anfangskosten höher ausfallen als geplant,

- um Kredite zu bekommen, denn so paradox es klingt, eine Bank borgt nur dem Geld, der Geld hat,
- um Zeit zu überbrücken, zum Beispiel Wartezeiten nach Anträgen, während Bewerbungen oder in der Weiterbildung.

Fragen Sie Leute mit Krisenerfahrungen, wie sie ihre Probleme bewältigt haben. Der Softwaregigant Microsoft stellt immer wieder Leute ein, die aus Firmen kommen, welche gerade so am Ruin vorbeigeschlittert sind. Das berichtete Bill Gates in seinem Buch «Der Weg nach vorn». Ihre Erfahrung soll Microsoft helfen, es besser zu machen. Fragen Sie krisenerprobte Menschen insbesondere:

- Welche Bewältigungsstrategien haben Ihnen geholfen?
- Welche Verhaltensweisen funktionierten nicht oder verschlimmerten gar die Situation?
- Was haben Sie allein bewältigt, wo benötigten Sie Unterstützung?
- Was hat Ihnen in der schweren Zeit Kraft gegeben?
- Was hat Sie auf neue Ideen gebracht?

Gehen Sie Probleme an, solange sie noch klein sind. Wir hoffen meist, dass sich kleine Ärgernisse von selbst erledigen. Meistens stimmt es. Freilich nicht immer. Machen Sie einmal folgende Rechnung auf: Sie stoßen innerhalb eines Monats auf zehn kleine Probleme. Jedes würde fünf Prozent Ihrer Zeit in Anspruch nehmen, wenn Sie sich ihm gleich widmen würden. Stattdessen lassen Sie die Dinge schleifen. Und in der Tat: Neun dieser Probleme verschwinden innerhalb von ein paar Tagen von selbst. Doch das zehnte wächst sich zu einer mittleren Katastrophe aus, und nach einem Monat müssen Sie ihm zwei Drittel Ihrer Zeit widmen, also 66 Prozent. Hätten Sie die zehn kleinen Probleme sofort erledigt, hätten Sie nur 50 Prozent Zeit gebraucht und weniger Stress gehabt.

Kleine Kümmernisse sind leicht zu beherrschen. Wächst eines von ihnen jedoch zu einer echten Krise heran, wird es über lange Zeit Sie beherrschen und Ihnen viel Kraft rauben. Geringfügige Schwierigkeiten sofort anzugehen, ist effektiver - auch wenn sich später herausstellen sollte, dass manche Mühe gar nicht nötig gewesen wäre. Mindestens die Hälfte aller Sorgen machen wir uns umsonst - leider wissen wir im Voraus nie, welche Hälfte.

2.
Entwickeln Sie sich zum Generalisten

Jedes Jahr erscheint ein neues Guinness-Buch der Rekorde. Wir staunen über Menschen, die ein Kreuzworträtsel von der Größe einer Wiese basteln, Unmengen Bier oder Spaghetti in ihre Eingeweide zwingen oder sich die Augen bei dem Versuch verderben, die kleinste Skulptur der Welt auf einem Reiskorn zu verewigen. Vielleicht schütteln Sie den Kopf über so viel vergeudete Zeit für ein Ergebnis mit äußerst zweifelhaftem Nutzen. Hier fand ja nicht einmal ein echter Wettbewerb statt. So mancher Rekordhalter hat seinen Sieg nur errungen, weil er der einzige Mitspieler auf seinem Gebiet war. Doch auch «normale» Rekorde, etwa im Diskuswurf oder Stabhochsprung, sind eine exklusive Veranstaltung weniger Spezialisten. Über 99 Prozent der Menschheit haben nie ausprobiert, ob sie zu ähnlichen Leistungen in der Lage wären.

Wenn Ihr oberstes Ziel lautet, Weltmeister zu werden, wählen Sie möglichst eine Sportart, in der sich nur wenige betätigen. Umso weniger Konkurrenten müssen Sie besiegen. Allerdings werden dann auch nur wenige Fans Ihren Erfolg bejubeln. Je weniger gefragt eine Sportart ist, desto spärlicher fließen Sponsoren- und Eintrittsgelder. Wie vorteilhaft ist es unter diesen Umständen, ein Spezialist zu sein?

Spezialisten gedeihen nur im Überfluss

Als Schüler begeisterte ich mich für Urgeschichte. Mich faszinierten die Lebensformen früherer Epochen. Zu meinem zehnten Geburtstag schenkte mir meine Mutter einen Bildband, in dem ich sie alle versammelt fand: den Dinornus maximus, einen Laufvogel aus Neuseeland, gegen den heutigen Strauße wie Zwerge wirken, den Riesenbiber, der die Größe eines Bären erreichte, und den Riesenhirsch, dessen Geweih eine Spannweite von dreieinhalb Metern maß. Drei Kinder meiner Größe übereinander gestellt hätten zwischen die beiden äußersten Enden seines Kopfschmucks gepasst!

Ein halbes Jahr später, bei einem Berlinbesuch unserer Schulklasse, stand ich im Naturkundemuseum unter dem Skelett eines Brachiosauriers. Ich musste meinen Kopf weit in den Nacken zurücklegen, um zum Schädel des Ungetüms aufblicken zu können. Er befand sich fast zwölf Meter über mir, höher als der Sprungturm im Schwimmbad, von dem ich erst wenige Tage zuvor angstvoll in die Tiefe blickte, ohne den Mut hinunterzuspringen. Wenn so ein Saurier mich nun bei seinen Zähnen packte, nach oben hob und von dort wieder fallen ließ? Der Sturz würde mir nicht gut bekommen. Ob die wirklich alle ausgestorben waren? Wenn nun irgendwo im Dickicht der heimatlichen Wälder ein paar Exemplare überlebt hätten? Bei dem Gedanken, so einen Riesen plötzlich während eines Streifzugs nach der Schule auftauchen zu sehen, kroch mir ein wohliger Gruselschauer über den Rücken.

In meinem kindlichen Enthusiasmus hatte ich das Entscheidende nicht begriffen: Gerade die Größe dieser vier Tierarten war der Grund, warum sie nicht mehr unter uns weilen. Anfangs bot ihnen ihr Riesenwuchs Vorteile. Sie waren ihren Feinden und Konkurrenten körperlich überlegen. Solange die Nahrungsressourcen reichlich zur Verfügung standen, ging es ihnen gut. Leider versiegten die Quellen der Natur von Zeit zu Zeit. In Jahren des Mangels fiel es den Riesen schwer, ihre großen Mägen zu füllen. So verschwanden die Giganten wieder von unserem Planeten, während ihre kleineren Vettern – Strauße, Biber, Rothirsche und Krokodile – noch immer ihr Auskommen finden.

Der deutsche Naturforscher Ernst Haeckel formulierte im 19. Jahrhundert das Gesetz der Spezialisierung. Danach bringt eine reiche Natur eine Vielfalt von spezialisierten Arten hervor. Das war der Fall, als die ersten Wirbeltiere vom Meer auf das trockene Land vordrangen oder die ersten Vögel den Luftraum eroberten. Um der Konkurrenz anderer Arten auszuweichen, treiben sie die Spezialisierung immer weiter und verlieren ihre Flexibilität. Denken wir an den Pandabären, der sich nur von jungen Bambusspitzen ernährt, oder den Koala Australiens, der ausschließlich Eukalyptusblätter frisst. Beide sind heute vom Aussterben bedroht.

Uns faszinieren diese Spezialisten, weil sie anders sind als wir. Deswegen die Bemühungen von Naturliebhabern, sie zu schützen und zu erhalten. Biologisch gesehen sind wir Menschen Generalisten, anpassungsfähig an verschiedene Lebenswelten. Die Tiere, die uns in dieser Hinsicht ähneln, sind Mäuse, Fliegen und Krähen. Genau das ist der Grund, warum wir sie nicht mögen und unnachgiebig verfolgen. Sie dringen in jedes Milieu ein, erkunden neugierig jede Nische und sind absolut nicht auszurotten.

Wir Menschen verdanken unsere Flexibilität nicht nur unserer Intelligenz, mit der wir uns schnell auf wechselnde Umstände einstellen können. Auch körperlich gehören wir zu den vielseitigsten Säugetieren dieser Erde. Jeder, der halbwegs fit ist, kann ein paar Meter über und unter Wasser schwimmen sowie Gegenstände vom Grund holen, schrieb der Vater der Verhaltensbiologie, Konrad Lorenz. Er kann anschließend an einem Tau über einen Abgrund klettern und etliche Kilometer marschieren. Es gibt viele Tiere, die eines davon können. Doch keines kann alles zugleich.

Reiche und stabile Mileus, in denen Nahrung in Hülle und Fülle wächst, begünstigen die Entwicklung von Spezialisten. Leider bestehen solche Umwelten nie für lange Zeit. Der letzte reiche Biotop ist der tropische Regenwald, und niemand weiß, ob in hundert Jahren noch viel von ihm übrig sein wird.

Karge Landschaften, die von Dürre, Überschwemmungen, Hitze und Kälte geplagt werden, fördern die Entfaltung von Generalisten. Im Naturreich bedeutet Spezialisierung: Die Organe richten sich auf eng begrenzte Funktionen ein. Die Vorderbeine einer Maus sind unspezialisiert. Sie kann mit ihnen rennen, an Schränken hochklettern, im Boden scharren und sich putzen. Ein Pferd kann mit seinen Vorderläufen nur laufen und springen, eine Fledermaus nur fliegen. Sie sind spezialisiert. Pferde überleben in unseren Breiten nur in der Zucht. Fledermäuse benötigen strengen Artenschutz. Doch kennen Sie jemanden, der sich um das Überleben der Mäuse Sorgen macht?

Unten der Könner, oben der Kenner

Mit der Zivilisation haben auch wir Menschen das Spezialistentum für uns entdeckt. Wir verdanken der Arbeitsteilung die Vielfalt der Kulturen und wirtschaftlichen Wohlstand. Wer Tischler lernt, fertigt Möbel für andere, die dafür seinen Kindern das Lesen und Rechnen beibringen, ihn im Krankheitsfall heilen oder mit Lebensmitteln versorgen. Der Lehrer und der Arzt wiederum werden die Regalbretter, auf denen sie ihre Bücher unterbringen, nicht selbst zurechtsägen. Wer sich heute in jeder Hinsicht selbst versorgen wollte, müsste auf eine primitive Kulturstufe zurückkehren. Er könnte sich eine Kuh halten, seine Kartoffeln selbst anbauen und aus Honigwachs eigene Kerzen drehen. Aber einen Stromgenerator basteln, um damit einen selbst zusammengelöteten Fernseher zu betreiben?

Keine Frage, wir leben in einer Welt der Spezialisten, die die Resultate ihres Könnens mit anderen Spezialisten austauschen. Trotz hoher Arbeitslosigkeit herrscht ein Mangel an Spezialisten. Die Industrie sucht qualifiziertes Fachpersonal, die Politik streitet seit Jahren um den besten Weg, die fehlenden Könner aus dem Ausland anzuwerben. Wer dagegen etwas Allgemeines studiert hat - Philosophie, Kulturtheorie, Soziologie -, gilt auf dem Arbeitsamt als schwer vermittelbar.

Sind Generalisten also überflüssig geworden? Im Gegenteil. Betrachten Sie ein Symphonieorchester. Es besteht aus Violinisten, Cellisten, Flötisten und zahlreichen weiteren Musikern, die je ein Instrument aus dem Effeff beherrschen. Im Programmheft wird jedoch nur einer namentlich genannt - der Dirigent. Der Mann, der alle Instrumente zu einem Gesamtklang zusammenfügt. Er hat den höchsten Rang inne und verdient das meiste Geld. Er ist der einzige Generalist der Truppe, zuständig für das Allgemeine.

Auch in der Wirtschaft befinden sich die Generalisten an der Spitze. Die Spezialisten arbeiten zu Tariflöhnen an den Maschinen und Computern. Die Generalisten lassen sich im Dienstmercedes zu Kongressen und Geschäftsessen kutschieren und verdienen eine halbe Million im Jahr, manche auch mehr. Kein Wunder, dass sie Spezialisten einstellen. Sie brauchen Erfüllungsgehilfen. Sie selbst beschränken sich auf den Überblick. Würde sich ein Topmanager in einem Einzelgebiet besser auskennen als in den übrigen, verlöre er den Überblick. Er müsste sich außerdem ständig über den neuesten Wissensstand seines Fachgebietes informieren, so wie es die Spezialisten tun, die unter ihm arbeiten. Die sind auf dem Laufenden, solange sie Berufsanfänger sind. Ihr Wissen von der Uni befindet sich noch auf dem aktuellen Stand. Wird der Spezialist älter, steigt er entweder in der Hierarchie auf - dann entwickelt er sich zum Generalisten weiter -, oder er gehört mit Mitte vierzig zum alten Eisen. Er wird entweder entlassen und durch Neulinge ersetzt oder in eine weniger wichtige Abteilung abgeschoben.

Damit kann ich folgendes Karrieregesetz formulieren: Wer an die Spitze gelangen will, beginnt seine Laufbahn als Spezialist auf einem Gebiet, das gerade als zukunftsträchtig gilt. Statt sich auf seinem Terrain weiter zu profilieren, bildet sich der Berufsanfänger zum Generalisten weiter. Während er sich anfangs in wenigem detailliert auskennt, weiß er am Ende über alles so gut wie nichts. Wozu auch? Für die Details hat er seine Spezialisten.

Wann sich Spezialistentum als Sackgasse erweist

Das Karrieregesetz erklärt, warum ein Personalchef Ingenieure, Finanzbuchhalter und Laboranten einstellt, aber nur im Ausnahmefall Ethiker oder Systemanalysten. Generalist ist er selber. Konkurrenten, die an seinem Stuhl sägen, hat er in den eigenen Reihen mehr als genug, da wird er sich nicht noch welche von außen holen.

Gelten Sie als Spezialist, ist das auf den ersten Blick schmeichelhaft. Sie haben Kenntnisse, bei denen kein anderer mitreden kann. Sie können leicht begründen, wofür Sie Ihr Geld erhalten. Der Wert Ihrer Arbeit liegt klar auf der Hand. Erst auf den zweiten Blick zeigen sich die Nachteile. Spezialwissen veraltet schnell. Sie müssen sich alle paar Jahre weiterbilden. Immer wieder verlieren ganze Berufe an Wert. Erinnern Sie sich noch an die Jahrtausendwende, als alle Welt händeringend nach Softwareexperten rief? Auf dringenden Wunsch der Wirtschaft legte die deutsche Regierung ein Greencardprogramm auf, um 20000 Koryphäen aus Indien herbeizurufen. Kaum hatte der Bundestag die Regelung verabschiedet, war sie schon überflüssig. Ab Anfang 2001 verloren die Unternehmen des Neuen Marktes 90 Prozent ihres Aktienwertes. Nur ein Teil der Greencards wurde in Anspruch genommen, und ein Großteil der Inder und Osteuropäer ist längst wieder ausgereist. Die in Schnellkursen eilig ausgebildeten heimischen Spezialisten ernteten auf ihre Bewerbungen massenhaft Absagen.

Aus diesem Grunde halten Jugendliche nach «krisenfesten»

Branchen Ausschau. Zwar irren sich Voraussagen meistens, was in zehn Jahren gebraucht wird, aber nehmen wir einmal an, Sie hätten tatsächlich den idealen Beruf gefunden. Ob Krankenschwester, Polizist oder Maschinenbauingenieur bei VW: Je unsicherer die Lage, desto mehr Menschen drängen in vermeintlich sichere Berufe. Das heißt, zu viele Bewerber kämpfen um zu wenige Lehrstellen und Arbeitsplätze. Selbst ein dauerhafter Fachkräftemangel ist keine Erfolgsgarantie für den Jobsuchenden. Ein Beispiel: Da unsere Gesellschaft altert, wird zweifellos der Bedarf an Fachkräften wachsen, die Senioren betreuen, also an Kranken- und Altenpflegern. Aber noch ist völlig unklar, ob die Kranken- und Pflegekassen das Geld haben werden, um diese Fachkräfte auch einzustellen.

Spezialisten sind jedoch nicht nur von Moden abhängig, sondern auch von anderen Spezialisten. Und von Generalisten, die sie koordinieren. Bis beispielsweise ein neues Auto seinen Kunden erreicht, haben Herden von Konstrukteuren, Zulieferern, Montageteams und Händlern ihr Scherflein beigetragen. Es reicht, dass ein unentbehrlicher Zulieferer in dieser Kette Bankrott macht, schon reißt er die gesunden Spezialisten mit in den Abgrund. Als Generalist sind Sie besser dran. Wenn ein Projekt scheitert, haben Sie weitere Eisen im Feuer, die Ihnen helfen, die Krise zu überstehen.

Richtig schlimm kommt es, wenn ein Generalist versagt. Hat ein Management einen Betrieb an die Wand gefahren, stehen Tausende Spezialisten auf der Straße. Facharbeiter, Ingenieure und Buchhalter, für die schnell eine Auffanggesellschaft organisiert werden muss. Die Manager dagegen haben gute Chancen, wieder eine Beschäftigung zu finden. Führungskräfte mit Krisenerfahrung sind in Rezessionszeiten gefragt wie nie. In der Krise sitzt der Generalist immer am längeren Hebel. Sein Wissen veraltet nicht. Im Gegenteil: Wenn die bisherigen Spezialisten überflüssig werden, aber noch unklar ist, welchen neuen Spezialisten die Zukunft gehört, greifen die Unternehmen in ihrer Not auf das bewährte Allgemeinwissen der Generalisten zurück.

Doch was leisten Generalisten, was ein Spezialist nicht kann? Tun sie etwas anderes, als miteinander zu klüngeln und bei feierlichen Anlässen banale Lebensweisheiten von sich zu geben, die sie sich von schlecht bezahlten Referenten haben aufschreiben lassen? Ihre Kompetenz beweisen sie auf drei Gebieten.

Schlüsselqualifikationen, diplomatisches Geschick und vernetzendes Denken

1. SCHLÜSSELQUALIFIKATIONEN
Zu ihnen gehören alle speziellen Kenntnisse, die nicht nur in einer, sondern in den meisten Branchen benötigt werden. Sie nutzen nicht nur Führungskräften, sondern auch den Spezialisten am unteren Ende der Hierarchie. Sollten Sie einmal den Beruf wechseln, werden diese Kenntnisse für Sie ihren Wert behalten. Die Arbeitswissenschaftler sind sich nicht ganz einig, was alles zu den Schlüsselqualifikationen zählt. Drei Bereiche aber gehören auf jeden Fall dazu:
Computerkenntnisse. Können Sie E-Mails schreiben, senden und empfangen, wenden Sie die wichtigsten Funktionen der Textverarbeitung oder der Tabellenkalkulation an? Das ist das Minimum, um überhaupt einen Computer zu bedienen. Die meisten der Jüngeren sind inzwischen dazu in der Lage. Doch als Generalist sollten Sie Software installieren und deinstallieren, sich eigenständig in neue Programme einarbeiten und einfache Internetseiten selbst gestalten können. Damit Sie nicht, sobald die Technik sich ändert, jedes Mal einen neuen Computerkurs besuchen müssen. Erst wenn Sie aus eigener Kraft bei Weiterentwicklungen mitlernen können, beherrschen Sie die Technik und nicht die Technik Sie.

Sprachkenntnisse. Ohne ein Minimum an Englisch läuft in vielen Branchen nichts mehr. Auch wenn Kulturkritiker dagegen wettern. Längst ist vereinfachtes Englisch zum internationalen Verständigungsmittel avanciert. Ob Japaner, Russen oder Brasilianer – alle Welt greift darauf zurück. Nicht weil es eine besonders einfache Sprache ist – dann hätten Kunstsprachen wie Esperanto den Sieg davongetragen –, sondern weil die Weltkultur von amerikanischen Filmen und englischer Popmusik geprägt ist. In den meisten Branchen oder als Tourist verschaffen ihnen Grundkenntnisse in weiteren Sprachen Vorteile. Wer seinen Urlaub in Frankreich verbringt, klagt oft über die Arroganz der Einheimischen. Ich war mindestens zehnmal dort und bin nur auf freundliche Franzosen gestoßen. Allerdings spreche ich sie immer auf Französisch an, so gut ich es eben kann.
Kommunikationsmethoden. Vorbei sind die Zeiten, da wir die Jahre vom Lehrling bis zur Pensionierung immer in derselben Werkhalle mit denselben Kollegen zubrachten. Neue Kontakte mit Kunden und Kollegen aus fachfremden Bereichen gehören heute zum Alltag. Manchem ist die Fähigkeit, schnell Kontakte zu knüpfen sowie Missverständnisse und Konflikte einvernehmlich zu lösen, in die Wiege gelegt. Die meisten müssen sich die Fähigkeit zur konstruktiven Gesprächsführung erst aneignen. Also Motive anderer erkennen, Einwände entschärfen, offene Fragen stellen, Körpersprache deuten und positiv einsetzen sowie emotionale Blockaden erkennen und im Gespräch auflösen.

2. DIPLOMATISCHES GESCHICK

Wer beruflich aufsteigt, wird eines Tages Mitarbeiter anleiten müssen. Dann genügen die drei Schlüsselqualifikationen nicht mehr. Wer eine Abteilung leitet, verkehrt zunehmend mit Personen aus anderen Arbeitsbereichen. Meist mit solchen, die ebenfalls Verantwortung für einen Mitarbeiterstab tragen. Sie nehmen in ihrem Verhalten nicht nur auf die eigenen Bedürfnisse, sondern auch die ihrer zuarbeitenden Spezialisten Rücksicht. Sie treten faktisch als Botschafter ihrer Teams auf. Was Sie nun brauchen, ist diplomatisches Geschick. Es umfasst in der Hauptsache folgende Fähigkeiten:

- maßvolles und umgängliches Auftreten,
- kooperatives Verhalten statt Konfrontation,
- Konflikte in Verhandlungen überführen,
- Verhandlungstechniken einsetzen,
- Kontakte knüpfen und vermitteln,
- Delegieren und Organisieren,
- Smalltalk und Benimm,
- kleine Stegreifreden halten.

Da wir alle als Kinder eine gewisse soziale Kompetenz erworben haben, genügt es meist zu erkennen, in welchen Bereichen einige zusätzliche Kenntnisse nützlich wären. Einige Methoden der Diplomatie, die in schwierigen Zeiten weiterhelfen, finden Sie in den folgenden Kapiteln, die anderen in meinem Taschenbuch «Die Kunst der Diplomatie» (siehe Literaturverzeichnis). Der Rest ist Erfahrung. Wer sich zum Beispiel unsicher fühlt, wenn er aus dem Hut vor zwanzig erwartungsvollen Augen ein paar lobende Worte über einen Jubilar sagen soll, wird beim ersten Mal Blut und Wasser schwitzen. Beim zehnten Mal weiß er längst, dass ihm niemand den Kopf abreißt, wenn er mal den Faden verliert. Er hat erfahren, welche Worte besonders gut ankommen und welches der passende Tonfall ist.

3. VERNETZENDES DENKEN

Spezielles Branchenwissen, soweit er es benötigt, kann sich der Generalist schnell aneignen. Ihm genügt ein Überblick. Die Details liefern ihm seine Mitarbeiter. Deswegen kann ein Minister ohne Probleme sein Ressort wechseln, also zuerst Wirtschafts- und dann Verteidigungsminister sein. Hauptsache, er kann die Einzelheiten, die ihm zugearbeitet werden, sinnvoll zu einem Netz verflechten. Das bedeutet:

Die unterschiedlichen Bedingungen aller Bereiche zu beachten. Wer alle über einen Kamm schert, wird garantiert scheitern. In einer Maschinenhalle kann man in Krisenzeiten vielleicht ohne großen Verlust Einsparungen vornehmen. In der Forschung braucht man dagegen ein bestimmtes Mindestbudget, um überhaupt ein Resultat zu erzielen. Wird es unterschritten, könnte man genauso gut die Forschungsabteilung gleich ganz schließen.

Verknüpfungen zwischen den Bereichen zu berücksichtigen. Der Generalist bildet damit ein Gegengewicht zu den Spezialisten, die sich nur auf die Dinge konzentrieren, die innerhalb ihres Bereiches von Interesse sind.

Rückwirkungen einzuberechnen. Es genügt nicht, von Ursachen auf die Folgen zu schließen. Die Folgen haben wieder Auswirkungen auf die Ausgangsbedingungen. Ein Beispiel: Erhöhe ich als Finanzminister die Steuern, kommt zunächst mehr Geld in die Kasse. Wenn jedoch die Steuerzahler wegen der hohen Steuer weniger arbeiten, sorgt diese unerwünschte Rückwirkung längerfristig für den gegenteiligen Effekt. Die Steuereinnahmen sinken.

Die Folgen der Vernetzung abzuschätzen. Bekanntlich ist der Effekt eines Systems meist größer als die Summe seiner Teile. Es kann jedoch auch umgekehrt kommen. Dann leistet das Team weniger als zuvor die Einzelkämpfer. Das passiert, wenn die Abteilungen sich gegenseitig Konkurrenz machen oder wenn Spezialisten, die eigentlich zusammenarbeiten sollten, einander behindern. Der Generalist sorgt dafür, dass seine Leute einander anfeuern und unterstützen.

3.
Besinnen Sie sich auf Ihre Kernkompetenz

Im Jahre 1849 durcheilte die Nachricht von Goldfunden in der Sierra Nevada wie ein Lauffeuer Kalifornien und gelangte schließlich über New York nach Europa. Bauern warfen ihren Pflug beiseite, Soldaten ihr Gewehr und Beamte ihre Akten, um die nächste Schiffspassage in die Neue Welt zu buchen. Die Hoffnung auf unermessliche Schätze veranlasste sie, sich in dem ungewohnten Handwerk des Goldwaschens zu versuchen. Wohlhabend wurde kaum einer, geschweige denn reich. Wir wissen aus zahllosen Westernfilmen, dass ihr Gold für Alkohol und beim Pokern draufging. Aber in wessen Taschen waren die Gewinne am Ende verschwunden?

Einer von ihnen war Loeb Strauss, 1829 als Sohn eines jüdischen Textilhändlers in Bayern geboren. Nach dem Tod des Vaters versuchte die Familie ihr Glück zunächst in New York. Der junge Loeb lernte den Beruf seines Vaters, änderte seinen Vornamen in Levi und ging nach San Francisco, als die Nachricht von den Goldfunden ihre Runde machte. Statt jedoch selbst nach dem gelben Metall zu graben, beschloss er, bei dem zu bleiben, was er gut konnte: Textilien an den Mann zu bringen und sie gegen Gold und Dollars einzutauschen. Der Bedarf der Goldschürfer an strapazierfähiger Kleidung war hoch. Levi verkaufte zunächst, was ihm sein Bruder Jonas aus dem Familienunternehmen in New York schickte. Doch die Textilien von der Ostküste waren nicht haltbar genug. Er fing an, selbst Hosen zu produzieren, und zwar aus dem widerstandsfähigen Leinenmaterial, mit dem die Planwagen während der Trecks gen Westen abgedeckt wurden. Weil sich die Hosentaschen der Goldgräber oft an Felskanten verfingen und abrissen, stabilisierte er zusätzlich ihre Nähte an den Ecken mit Metallnieten.

Der Rest ist Geschichte. Heute gehen weltweit jährlich eine Milliarde Jeans über die Ladentische.

Die Erfolgsfalle

Levi Strauss vertraute auf seine Kernkompetenz. Er blieb bei dem Beruf, in dem er sich gut auskannte. Daher blühte seine Jeansfabrik, als das kalifornische Gold längst verschwunden war. Und mit ihm all die Glücksjäger, die glaubten, der ehrliche Mann brauche nur die Nuggets aus dem Flussbett aufzusammeln, und schon sei er nach wenigen Monaten Millionär.

So erfreulich günstige Umstände sind - sie haben eine Schattenseite. Sie verschaffen dem Glückspilz zu leichte Erfolge. Alles, was er anfasst, gelingt. Unweigerlich stellt er sich eines Tages die Frage: «Vielleicht sollte ich mein Tätigkeitsfeld erweitern? Offenbar habe ich den richtigen Riecher. Warum sollten sich meine Erfolgsrezepte nur in dem Beruf bewähren, den ich gelernt habe?»

Der amerikanische Pädagoge Laurence J. Peter formulierte 1969 das nach ihm benannte Prinzip, wonach kompetente Mitarbeiter so lange befördert werden, bis sie auf einem Posten landen, der ihre Fähigkeiten übersteigt. Dort bleiben sie dann hocken bis zu Pensionierung. Deshalb sammeln sich in verantwortlichen Positionen so viele unfähige Leute. Den gleichen Zusammenhang können Sie auf dem Gebiet des Erfolgsstrebens beobachten: Glücksritter neigen dazu, die Reichweite ihres Erfolges so lange auszudehnen, bis sie die Stufe ihrer persönlichen Erfolglosigkeit erreicht haben. Nach kurzen Anfangserfolgen erleben sie lange Strecken der Stagnation oder einen schnellen Niedergang. Daher gibt es viele Shooting Stars, aber nur wenige dauerhafte Erfolgsstorys.

Seltsamerweise tappen nicht nur Einzelkämpfer in die Erfolgsfalle, sondern auch große Unternehmen, die sich teure Beraterstäbe mit geballtem Expertenwissen einkaufen können. Ihre Selbstüberschätzung vollzieht sich in zwei Schritten. Sie gehen von einer korrekten Überlegung aus, ziehen aber daraus die verkehrte Schlussfolgerung:

1. Als Spezialist ist mein Tätigkeitsfeld zu eng, daher muss ich mich zum Generalisten entwickeln.
2. Deshalb sollte ich Spezialist auf möglichst vielen Gebieten sein.

Der erste Satz ist richtig, der zweite falsch. Ein Generalist ist überhaupt kein Spezialist, sondern jemand, der Spezialisten koordiniert. Wer sich auf fünf Feldern als Spezialist betätigt, ist immer noch Spezialist - kein Generalist. Allerdings kann der fünffache Spezialist auf keinem seiner Gebiete so gut sein wie jemand, der nur auf einem Gebiet - und da richtig - zu Hause ist.

Betrachten wir als Beispiel einen Sprachenkenner. Heinrich Schliemann, der Hobbyarchäologe, der im 19. Jahrhundert Troja ausgegraben hatte, beherrschte zwanzig Sprachen. Eine tolle Leistung, die auch heute nur selten jemand erreicht. Dennoch würde kein Unternehmen jemanden wie Schliemann als Dolmetscher einstellen. Denn wer sich in zwanzig Sprachen auf dem Laufenden hält, beherrscht keine so gut, dass er allen Anforderungen einer Simultanübersetzung gewachsen wäre. Wer auf einem internationalen Kongress dolmetscht, muss gleichzeitig in der einen Sprache zuhören und in der anderen Sprache sprechen können. Es bleibt keine Zeit, erst einmal ein Wörterbuch zu konsultieren. Deshalb holt man sich Spezialisten, die nur eine oder zwei Sprachen können, diese aber perfekt.

Kann ein Spezialist für zwanzig Sprachen wenigstens ein

großartiger Sprachforscher werden? Ihm müsste es doch leicht fallen, Sprachen miteinander zu vergleichen und das Gemeinsame herauszufinden. Erstaunlicherweise ist auch das nicht der Fall. Bekannte Koryphäen der Linguistik wie der Amerikaner Noam Chomsky oder der Kanadier Steven Pinker sprechen im Großen und Ganzen nur ihre Muttersprache, amerikanisches Englisch. Chomsky forschte nach einer angeborenen Grammatik, die für alle Menschen gleich ist und aus der sich alle realen Sprachen ableiten lassen. Kinder lernen mit dieser ererbten Grundlage - dem «Sprachinstinkt» - in zwei, drei Jahren die Mundart ihrer Umgebung, und zwar akzentfrei. Also besser, als irgendein Erwachsener je eine Fremdsprache sprechen könnte.

Hätte es Chomsky für seine Forschungen genutzt, zwanzig Sprachen zu können? Kaum. Auch zwanzig sind nur eine kleine, einseitige Auswahl. Heute sind über fünftausend Sprachen bekannt. Manche davon sind so exotisch und so seltsam strukturiert, dass wir Jahre brauchten, um uns hineinzufinden. Selbst wer sich aus jeder größeren Sprachgruppe nur ein Beispiel aneignen wollte, müsste wenigstens hundert Sprachen pauken. Daher unternahm Chomsky erst gar nicht den Versuch. Er nutzte seine Zeit lieber, um zu erforschen, wie Sprachen grundsätzlich funktionieren. Spezielle Informationen über einzelne Sprachen holte er sich bei Spezialisten. Er blieb bei seiner Kernkompetenz, den Strukturen einer universellen Grammatik, und war damit zugleich Generalist.

Chomsky erwarb durch diese weise Selbstbeschränkung den Ruf, einer der bedeutendsten Experten auf seinem Gebiet zu sein. Ohne selbst Fremdsprachen zu beherrschen. Er gehört zu den zehn meistzitierten Geisteswissenschaftlern der Welt. Sicher fände er es auch schön, einige Sprachen selbst zu können. Doch der Lernaufwand hätte ihn zu viel Zeit gekostet. Zeit, die er dringend für seine Forschungen benötigte. Leute, die sich in zwanzig Mundarten verständigen können, sind deshalb in aller Regel weder Dolmetscher noch Linguisten. Sprachen sind für sie eine Liebhaberei, um andere Kulturen zu verstehen. Ihr Geld verdienen sie als Kaufleute (wie Schliemann), Lehrer oder Bibliothekare.

Abschied vom Hansdampf in allen Gassen

Wie stark Wohlstand und Erfolg von der Kernkompetenz abhängen, zeigt ein Blick in die Wirtschaft. Junge, kreative Unternehmen erfahren - falls ihre Geschäftsidee zündet - zunächst einen rasanten Aufstieg. Denn sie starten auf einem Gebiet, auf dem sie sich auskennen, ihrer Kernkompetenz. Berauscht von ihrem Erfolg, beginnen viele, ihre Einnahmen in immer neue Geschäftsfelder zu investieren und andere Unternehmen aufzukaufen, bis sie sich in einen schwerfälligen Riesen verwandelt haben. Statt zuzugeben, dass sie sich übernommen haben, treten sie die Flucht nach vorn an. Sie verschulden sich, um weitere Firmen aufzukaufen, in der Hoffnung, als Superriese eines Tages alle Konkurrenten an die Wand zu drücken und dadurch wieder in die Gewinnzone zu gelangen.

Diese Hoffnung geht so selten in Erfüllung wie die auf einen Sechser im Lotto - was zahlreiche Beispiele beweisen. Bei den Autobauern wirtschaftet ausgerechnet der kleine Luxuswagenhersteller Porsche effektiv. Die Konzentration auf seine Kernkompetenz «Sportwagen» verhalf ihm in den Krisenjahren ab 2001 zu einem rasanten Wachstum. Die Großen der Branche wie Daimler, General Motors (Opel) und VW vergeudeten ihre Gewinne in Firmenaufkäufen oder machten sich mit der Vielzahl ihrer Marken und Autotypen selbst Konkurrenz.

Doch nicht nur Autobauer missachten das Gesetz der Kernkompetenz. Xerox erfand einst Kopiergeräte, die mit normalem Papier arbeiten. Das Unternehmen erlangte Weltgeltung. Als der Computerboom entbrannte, investierte die Firma über zwei Milliarden Dollar, um in der neuen Branche Fuß zu fassen. Für Xerox ein Verlustgeschäft. Was die Firma bis heute über Wasser gehalten hat, sind ihre Kopierer.

Warum sollte es einem Produzenten von Kopiergeräten nicht gelingen können, auch bei Computern groß herauszukommen? Wer in einem fremde Territorium wildert, trifft dort auf Alteingesessene, die

- einen Erfahrungsvorsprung besitzen und ihn gegen Newcomer ausspielen;
- den Markt schon unter sich aufgeteilt haben; bereits im Mittelalter war es einfacher, eine Festung zu verteidigen, als sie von außen im Sturm zu erobern;
- ihr Heimspielfeld aus dem Effeff kennen und ihre gesamte Energie darauf konzentrieren; wer sich da nur als Gast tummelt, wird sich nie so gut auskennen wie ein Einheimischer;
- als Koryphäen in nur einer Domäne jedem Spezialisten für mehrere Gebiete mehrfach überlegen sind.

Das Gegenteil des Generalisten ist der Spezialist, das Gegenteil der Kernkompetenz die Zersplitterung in viele, unterschiedliche Nischen. Krisenfest ist deshalb, wer

- *eine* Nische findet, in der er sich besser auskennt als alle anderen - das ist der Bereich seiner Kernkompetenz -,
- diese Nische als Generalist beherrscht und kontrolliert, also Zuarbeiten von Spezialisten für sich nutzt und koordiniert.

Dauerhafter Erfolg, der alle Krisen überdauert, lässt sich nur in den Bereichen der Kernkompetenz erzielen. Aus diesem Grunde denken wir bei Hewlett-Packard in erster Linie an Drucker, bei Kodak an Fotos, bei IBM an Großrechner, bei Nivea an Hautcreme, bei Tesa an durchsichtige Klebestreifen, bei der Allianz an Versicherungen und bei IKEA an preiswerte Möbel zum Selbstzusammenbauen. Obwohl all diese Firmen noch auf anderen Geschäftsfeldern aktiv sind, verdanken sie ihrer Kernkompetenz ihr Renommee und in Krisenzeiten ihre sichersten Einnahmen.

Was können Sie besser als andere?

Die großen Unternehmen wissen wenigstens, wo ihre Kernkompetenz liegt. Dort, wo sie ihre ersten Erfolge erzielten. Auf dem Tätigkeitsfeld, dem sie einst ihren guten Ruf verdankten. Aber wenn Sie erst am Anfang stehen? Wenn Sie noch auf Ihren Durchbruch warten? Sind Sie auf Versuch und Irrtum angewiesen oder gibt es einen Weg, herauszufinden, welche verborgenen Talente in Ihnen ans Licht drängen?

Als ich vor zwanzig Jahren meine Universitätslaufbahn startete, hatte ich hohe Ideale. Ich wollte ein großer Forscher werden. Der Alltag ernüchterte mich schnell. Als junger Assistent bestand meine Arbeit darin, für Gastdozenten Flüge und Hotelzimmer zu reservieren sowie für meinen Chef Tagungen zu organisieren und in seinem Namen Briefe zu verfassen. Der übliche Ausweg für Anfänger in meiner Lage lautete: Werde selbst möglichst schnell Professor.

Leider waren in meinem Fach die Professorenstellen rar. Ich musste einen anderen Weg einschlagen. Was konnte ich besser als andere? Das Einzige, was mir an meinem Beruf Spaß machte, waren die Kommunikationsseminare, in denen ich Ökonomiestudenten Fähigkeiten in Menschenführung vermittelte. Außerdem war den Gutachtern meiner Doktorarbeit aufgefallen, dass ich einen besseren Stil schrieb als allgemein üblich. Ich zog daraus die Konsequenz. Ich wurde Kommunikationstrainer und Buchautor.

Wenn Sie Glück haben, entspricht Ihre momentane Tätigkeit Ihrer Kernkompetenz. Wenn Sie jedoch mit Ihrer Arbeit unzufrieden sind und den Eindruck haben, auf der Stelle zu treten, könnten Sie sich in der gleichen Lage befinden wie ich vor mehr als zehn Jahren. Sie tun etwas, was ein anderer besser könnte, während Ihre wahren Talente brachliegen. Schauen wir uns drei Beispiele an:

Philipp ist 24 und findet die Showbranche faszinierend. Er träumte davon, vor der Kamera zu agieren und von Tausenden von Fans verehrt zu werden. Doch schon in der Schule überließ er die Rolle des Klassenclowns lieber den anderen. Wird beim Tag der offenen Tür seiner Firma jemand gesucht, der die Gäste herumführt und unterhält, hofft er, dass der Chef einen älteren Kollegen beauftragt. Lieber kümmert er sich um die Mikrophone und Videoaufzeichnungen für die Firmenchronik. Er würde auch gern ein paar witzige Einfälle für die Rede liefern. Statt weiter vergeblich zu Castings zu laufen, sollte Philipp daher versuchen, einen Job hinter der Kamera zu ergattern, vielleicht als Techniker oder Gagschreiber.

Karin wollte immer gern mit Kindern arbeiten. Daher studierte sie auf Lehramt. Bei ihren ersten Praktika in einer Schule stellte sie mit Entsetzen fest, dass ihr das Unterrichten von mehr als dreißig lärmenden kleinen Monstern überhaupt keinen Spaß machte. Da sie seit Jahren gern reitet, hat sie beschlossen, mit ihrem pädagogischen Abschluss auf Reitlehrerin umzusatteln.

Simone ist zweisprachig aufgewachsen. Ihre Mutter ist Französin. Für ihre Eltern stand fest: Sie muss Dolmetscherin werden. Aber Französisch-Übersetzer gibt es wie Sand am Meer. Und auf Kongressen stundenlang passiv nachbeten, was irgendwelche Politiker oder Wirtschaftsbosse von sich geben – nein danke! Eine Zeit lang ließ Simone sich treiben. Sie schloss sich einer Laienschauspielgruppe an. Tagsüber kellnerte sie, und im Sommer betreute sie deutsche Touristen als Fremdenführerin an der Côte d'Azur. Als ein französischer Radiosender über ihre Schauspieltruppe berichtete, nutzte sie den Kontakt, um sich als zweisprachige Sprecherin zu bewerben. Sie moderierte zunächst einen deutschen Sprachkurs für Franzosen und wechselte später zu Radio Luxemburg.

Um Ihre Kernkompetenz herauszufinden, stellen Sie die folgenden Fragen nicht nur sich selbst, sondern auch Ihren Kollegen und guten Freunden:

- Was kann ich besser als andere?
- Womit beschäftige ich mich aus eigenem Antrieb?
- Welchen Job würde ich wählen, wenn Geld kein Thema wäre?
- Mit welchen Gegenständen und Informationen umgebe ich mich am liebsten?
- Welche Informationen und Fertigkeiten bleiben ohne große Übung, wie von selbst, in meinem Gedächtnis haften?
- Teile ich Arbeit und Freizeit am liebsten mit anderen oder ziehe ich es vor, in eigener Verantwortung meine Ergebnisse zu erzielen?
- Welche Art von Erfolgen ist mir am wichtigsten: hohes Einkommen, Anerkennung, Unabhängigkeit oder hoher Status?
- Welche charakterlichen Stärken habe ich?

Dort, wo Sie und Ihre Bekannten in der Einschätzung Ihrer Vorlieben übereinstimmen, liegt Ihre Kernkompetenz. Was nur Sie als Ihre Stärke beurteilen, mögen Sie zwar gut können, aber da Ihre Mitmenschen bislang davon nichts bemerkt haben, werden Sie damit wahrscheinlich keine Erfolge bei anderen erzielen. Pflegen Sie es als privates Hobby, aber versuchen Sie nicht, damit Ihr Einkommen zu erwirtschaften. Und was andere bei Ihnen entdecken, aber Sie selbst nicht? Damit könnten Sie zwar groß herauskommen, aber Sie selbst sind nicht ausreichend motiviert. Entweder fehlt es Ihnen an Interesse, oder Sie hegen Zweifel, ob Sie sich wirklich auf diesem Gebiet versuchen sollten.

Ihre Kernkompetenz zu ermitteln, kann auch nützlich sein, um private Durststrecken zu überstehen. Finden Sie mit den gleichen Fragen heraus, welche Seiten Ihrer Persönlichkeit Ihren Partner begeistern, in welcher Hinsicht Sie ein guter Elternteil oder warum Ihre Freunde gern mit Ihnen zusammen sind. Es ist einfacher und viel effektiver, seine Stärken auszuspielen, als zu versuchen, an seinen Schwächen herumzudoktern. Bloß weil Ihr Sohn begeistert Fußball spielt, müssen Sie sich nicht opfern, um linkisch und voll Unlust mit ihm draußen herumzubolzen. Überlassen Sie ihn einer Gruppe Gleichaltriger. Vielleicht sind Sie stattdessen ein begnadeter Geschichtenerzähler? Entführen Sie ihn Abend für Abend in eine Welt fliegender Pferde, tollpatschiger Roboter und sprechender Fußbälle, und kein leibhaftiger Michael Ballack kann Ihnen bei ihm den Rang ablaufen.

4.
Misstrauen Sie Trends und Moden

Seit die Freunde Jan und Harald einige tausend Euro in Aktien investiert haben, orakeln sie jedes Mal, wenn sie sich treffen, welche Papiere einen Anstieg erleben und welche untergehen werden.

«Mitte der achtziger Jahre, als Student, hätte ich je fünfhundert Mark in Microsoft und Compaq Computer investieren sollen», klagte Jan. «Dann wäre ich heute Millionär. Warum bloß habe ich damals nicht erkannt, dass sich bald jeder so eine Maschine in die Wohnung stellen würde?»

«Mein Vater hatte es erkannt und sofort Aktien gekauft», antwortete Harald.

«Super. Wie viele Millionen wirst du mal erben?»

«Nichts.»

«Hast du dich mit ihm verkracht?»

«Er hatte für je tausend Mark Anteile von Mindset, Gavelin und Eagle Computer erworben.»

«Nie gehört.»

«Das waren damals *die* Senkrechtstarter in der IT-Branche. Alle drei Firmen gingen ein, und das Geld war verloren.»

Warum wir überall mit Trends rechnen

Nehmen Sie einen Stein in Ihre Faust und öffnen Sie die Hand. Was wird passieren? Ganz klar, der Stein fällt zu Boden. Und zwar jedes Mal, wenn Sie Ihre Finger von einem Gegenstand lösen. Es gehört nicht viel Geisteskraft dazu, dahinter die Wirkung einer Gesetzmäßigkeit zu erkennen.

Einem Kind genügen drei, vier derartige Erfahrungen, und es hat gelernt, auch beim fünften Mal zu erwarten, dass der Stein nach unten fällt. Würde er nun schwebend in der Luft verharren, wäre die Überraschung groß. Zauberkünstler leben davon, ein Überlisten der Naturgesetze vorzutäuschen, und finden gerade unter den kleinsten Zuschauern ein dankbares Publikum.

Von der Wiederholung schließen Kinder auf einen verborgenen Zusammenhang. Wir Erwachsenen machen es nicht anders. Wenn Sie an drei Tagen hintereinander früh um sieben auf dem Weg zur Arbeit im Hausflur Ihrem netten Nachbarn begegnen, werden Sie erwarten, ihn auch am kommenden Morgen zu treffen. Und Sie vermuten, dass er wie Sie um diese Zeit an seinen Arbeitsplatz eilt.

Diese Art zu schlussfolgern ist uns angeboren. Wir haben sie mit den meisten Tieren gemeinsam. Füttern Sie im Winter Vögel immer um zwölf Uhr, und prompt werden die Tiere nach einigen Tagen anfangen, sich einige Minuten vorher auf Ihrem Fenstersims niederzulassen, geleitet von ihrer inneren biologischen Uhr. In der Tat steckt hinter den meisten Wiederholungen eine Gesetzmäßigkeit. Jeden Tag geht die Sonne auf, weil die Erde aufgrund des Gravitationsgesetzes rotiert. Auf jeden Blitz folgt Donner, weil die Schallwellen sich langsamer fortbewegen als das Licht. Jedes Mal, wenn Sie in einen Apfel beißen, werden Sie den Geschmack von säuerlich-süßem Fruchtfleisch spüren. Es scheint daher vernünftig, bei jedem Ereignis, das mehr als zweimal eintritt, einen Trend zu vermuten, hinter dem eine tiefer liegende Ursache steht.

Umso größer das Erstaunen, wenn ein Trend plötzlich umkippt. Ein Huhn sieht in dem Bauern, der es täglich füttert, seinen Wohltäter. Es ahnt nicht, dass mit jeder Fütterung der Tag näher kommt, an dem der Bauer ihm den Hals umdrehen wird, um es in seiner Suppe zu verspeisen. Verhalten wir uns klüger? In guten Zeiten werden wir euphorisch und hegen die Hoffnung, von nun an unentwegt von Sieg zu Sieg voranzuschreiten. In schlechten Zeiten neigen wir zur Schwarzmalerei und sind erstaunt, wenn es auf einmal wieder aufwärts geht. Deswegen werden die meisten Menschen von Krisen unangenehm überrascht, während sie ersten Anzeichen einer Verbesserung misstrauen und so lange zögern, bis der Zug ins Glück fast schon wieder abgefahren ist.

Die Medien verstärken aktuelle Trends. Ihr Geschäft ist immer die Tendenz von gestern. Als die Boulevardpresse Anfang 2000 titelte «Jetzt einsteigen! Deutschland im Aktienfieber!», lösten die letzten Kleinsparer ihre Sparbücher auf, um dafür Aktien zu kaufen. Krisenerfahrene Überlebenskünstler wissen: Wenn Medien eine Mode groß anpreisen, hat sie ihren Höhepunkt bereits überschritten. Trendsetter haben sich längst abgewandt und etablieren eine Gegenbewegung. Dem Trend folgt seine Krise auf dem Fuße.

Für kluge Anleger war die Euphorie der Presse ein Alarmsignal. Nachdem nun alle ihr Geld in Aktien investiert hatten, konnten die Kurse nur noch fallen. Es waren keine weiteren Käufer mehr da, wohl aber jede Menge zukünftige Verkäufer, die hofften, ihre Aktien in Bargeld zu versilbern. Die Kurse stürzten auf weniger als ein Drittel. Das Geld hat sich jedoch nicht in Luft aufgelöst. Es wanderte nur aus den Taschen der Trendgläubigen auf die Konten derer, die Trends und Moden misstrauen.

Jeder weiß, dass es unmöglich ist, das Wetter für sieben Tage vorauszusagen. Trotzdem hören viele ernsthaft zu, wenn der Sprecher eines Prognoseinstituts behauptet, er wüsste, was in den nächsten sieben Jahren geschehen wird. Die Experten schauen sich die Entwicklungen der letzten Jahre an und rechnen aus, was passiert, wenn es immer so weitergeht wie bisher. Eine Gruppe Wolfsburger Ökonomen hat die Prognosen von Großbanken und führenden Wirtschaftsinstituten untersucht und kam zu der ernüchternden Erkenntnis: Fast immer beschränken die Fachleute sich darauf, den gegenwärtigen Trend unverändert in die Zukunft fortzuschreiben. Trotz aller Fehlschläge. Mit dieser Methode – Extrapolation genannt – haben sie schon in der Vergangenheit merkwürdige Irrtümer fabriziert:

1947, kurz nach dem Abwurf der ersten Atombomben, wandten sich die Forscher der friedlichen Nutzung der Kernenergie zu und prognostizierten: Spätestens ab dem Jahre 2000 werden nukleare Motoren unsere Fahrzeuge, Waschmaschinen und Rasenmäher antreiben. Amerikanische Luftfahrtunternehmer sagten zur gleichen Zeit das Ende des Autos voraus. In jeder Garage werde bald ein Hubschrauber stehen. Straßen, Brücken und Autobahnen würden nur noch als Parkplätze der Luftreisenden benötigt.

Aufgrund der Entdeckung des Penicillins und weiterer Antibiotika prognostizierte die Weltgesundheitsorganisation Anfang der sechziger Jahre, bis zum Jahre 2000 seien alle weltweiten Seuchen wie Malaria und Tuberkulose ausgerottet.

Wegen der Erfolge der Raumfahrt- und Robotertechnik behaupteten die Experten des Jahres 1967, im Jahre 2000 würden künstliche Monde bei Nacht die Erde erhellen. Roboter sollten Soldaten ersetzen und damit dem Töten im Kriegsfall ein Ende bereiten. In der Medizin werde es gelingen, amputierte Arme und Beine künstlich nachwachsen zu lassen.

Anfang der sechziger Jahre glaubten die Meteorologen, bis 1985 das Wetter im Griff zu haben. Dann werde es möglich sein, beliebig Wolken, Regen, Wind und Temperaturen zu ändern.

Wie konnten kluge Köpfe, die über große Institute, zahlreiche Mitarbeiter und jede Menge Rechenleistung verfügten, solch haarsträubende Irrtümer produzieren? Sie hatten sorgfältig gearbeitet und jede verfügbare Information genutzt. Nur eines hatten sie nicht berücksichtigt: dass es nicht immer so weitergeht wie bisher.

Die wirklich einschneidenden Ereignisse hatte niemand vorhergesehen: die Erkrankung Aids, den Reaktorunfall von Tschernobyl, den Fall der Berliner Mauer oder die terroristischen Anschläge vom 11. September 2001. Selbst als die Mauer in Berlin gefallen war, gingen erfahrene Politiker und Wirtschaftsbosse in Ost und West davon aus, dass die DDR weiterbestehen wird. Sie werde sich reformieren und einen Glasnost-Sozialismus nach dem Vorbild Gorbatschows verwirklichen.

Einerseits sagt uns jede Statistik, die Regel besitze eine höhere Wahrscheinlichkeit, Wirklichkeit zu werden, als die Ausnahme. Andererseits sind es gerade die wenigen außergewöhnlichen Ereignisse, von denen künftige Erfolge und Misserfolge abhängen. Denn auf den Zug des Vorhergesehenen ist bereits die Mehrheit aufgesprungen. Damit ist kein Blumentopf mehr zu gewinnen, selbst wenn das Erwartete wie vorhergesagt eintritt. Bei sicheren Prognosen handelt es sich stets um allgemeine Weisheiten wie

- Die Menschen werden im Schnitt immer älter.
- Die Rohstoffvorräte gehen in absehbarer Zeit zu Ende.
- Das Weltklima erwärmt sich.

Zwar lassen sich auch aus Binsenweisheiten kluge Ideen ableiten, aber Sie wissen nie, wie viele andere dies ebenfalls tun. Das eigene Verhalten und seine Folgen kann man gut vorhersagen. Nicht aber das Verhalten der Konkurrenz. Wenn sie schneller ist oder über einen höheren Werbeetat verfügt, war alle Mühe umsonst.

Michelle Cowley und ihre Kollegen vom Trinity College in Dublin haben diese Denkhürde bei Schachspielern untersucht. Sie fragten sich: Was unterscheidet die Strategie von Amateuren und Großmeistern? Sie forderten beide Gruppen auf, vor dem Schachbrett laut über ihren nächsten Zug nachzudenken. Dabei zeigte sich ein grundlegender Unterschied zwischen Hobbyspielern und Profis. Ein Amateur plant in erster Linie seinen eigenen Zug und hofft, dass der Gegner in die von ihm gestellte Falle laufen wird. Der Großmeister dagegen denkt über die möglichen Züge des Gegners nach – also die der Konkurrenz. Erst danach entscheidet er, welcher seiner eigenen Züge gegnerische Strategien am besten vereitelt.

Dass eine Prognose eintritt, ist umso unwahrscheinlicher,

- je mehr sie ein Einzelereignis betrifft,
- je weiter die Prognose in die Zukunft reicht,
- je mehr Faktoren auf das Eintreten der prognostizierten Ereignisse Einfluss nehmen.

Vorsicht vor Prognosen, die aus einer Mode resultieren! Manche Ideen wirken deshalb so verführerisch, weil sie dem Zeitgeist entspringen. Trotzdem sind sie falsch. Ich gebe Ihnen ein Beispiel. Jedes Mal, wenn die Computermesse CeBIT ihre Tore öffnet, verkündet ein Fachmann vor der Kamera: «In wenigen Jahren werden Telefon, Computer, Fernseher, elektronisches Notizbuch, Navigationssystem, Fotoapparat und Kamera allesamt zu einem Gerät verschmelzen, dem persönlichen intelligenten Assistenten des Benutzers. Die vielen Einzelgeräte werden dann überflüssig.»

Diese Botschaft hören wir seit Mitte der achtziger Jahre in immer neuen Varianten. In der Wirklichkeit verläuft die Entwicklung jedoch genau entgegengesetzt. Die Zahl der Geräte, die wir benutzen, nimmt zu. Zwar können die Handys inzwischen auch Fotos schießen, dennoch besitzen die meisten zusätzlich zum mobilen Telefon eine eigene Digitalkamera. Wer einen internetfähigen Fernseher sein Eigen nennt, verzichtet deswegen nicht auf seinen Computer im Arbeitszimmer. Und er wird sein Notebook auch dann nicht abschaffen, wenn er mit seinem neuesten UMTS-fähigen Handy im Internet surfen kann.

Auf den ersten Blick erscheint ein Gerät, das alle anderen ersetzt, äußerst praktisch. Doch es wäre wegen der Vielzahl seiner Funktionen - vom Videorecorder bis zum Textverarbeitungssystem - kompliziert zu bedienen. Bereits heute ist kaum ein Handybenutzer in der Lage, all die Zusatzfunktionen seines Taschentelefons aufzurufen, weil schon das Studium der dicken Gebrauchsanleitung die Geduld überfordert. Ginge das Supergerät mal kaputt, hätte der Benutzer mit einem Schlag gar nichts mehr - nicht mal mehr die Telefonfunktion, um den Reparaturservice anzurufen. Das Wichtigste aber: Eine Vielzahl verschiedener Geräte verleiht uns ein Gefühl von Wohlstand.

Hätte ich so ein Alles-in-einem-Supergerät erworben, müsste es einige Jahre halten, damit sich die teure Anschaffung rentiert. Nach spätestens zwei Jahren wäre es aber veraltet. Ein Problem, das alle Computerfans kennen. Habe ich viele Einzelgeräte, bin ich flexibel. Ich kann zu erschwinglichem Preis dasjenige ersetzen, wofür die Messe gerade eine aufregende Neuerung präsentiert, und die übrigen weiter nutzen. Bei einem Supergerät bin ich dagegen für längere Zeit aus dem Rennen.

Ein anderes Beispiel für falsche Modeprognosen liefert die Rentenpanik. James Vaupel, Gründungsdirektor des Max-Planck-Instituts für demographische Forschung, hat berechnet, dass im Jahre 1840 schwedische Frauen die längste Lebenserwartung besaßen - nämlich 45 Jahre. Im Jahr 2000 hatten japanische Frauen die Nase vorn mit durchschnittlich 85 Jahren. Macht 40 Jahre Zuwachs in 160 Jahren. Verlängert man den Trend linear in die Zukunft, ist die Schlussfolgerung unausweichlich: Alle vier Jahre wird die Lebenserwartung um ein weiteres Jahr anwachsen. Und kein Ende in Sicht. Also werden die Menschen im Jahre 2100 105 Jahre und im Jahre 2500 205 Jahre alt? Und verbringen drei Viertel ihres Lebens als Rentner? Der amerikanische Computererfinder Ray Kurzweil rechnet sogar mit einer Beschleunigung beim Anstieg der Lebenserwartung. Heute sind es drei Monate pro Jahr, aber eines Tages könnten es mehr als zwölf Monate sein. Damit wären wir unsterblich, denn die Lebenserwartung würde schneller anwachsen als die Zahl unserer Lebensjahre. Wer solche Meldungen verbreitet, übersieht drei Dinge:

1. Der rasche Anstieg der Lebenserwartung erfolgte nicht gleichmäßig. Die großen Wachstumsschübe sind dem Aufstieg breiter Massen aus Hunger und Seuchen zu Wohlstand und medizinischer Versorgung zu verdanken. Dazwischen gab es Zeiten der Stagnation und sogar Rückgänge, am Ende der Weltkriege beispielsweise.
2. Die Lebensdauer hat eine genetische Obergrenze, die mit der Zahl der maximal möglichen Zellteilungen zusammenhängt. Einige Experten setzen sie bei 120, andere bei höchstens 150 Jahren an. Eine weitere Verlängerung wäre – wenn überhaupt – nur künstlich, mit einem gentechnischen Eingriff in das menschliche Erbgut, zu erreichen. Bei Würmern ist es schon gelungen, die Lebensspanne um das Sechsfache zu erweitern. Aber der Preis ist hoch. Die Forscher haben den Hormonhaushalt der Tiere zerstört und sie kastriert beziehungsweise sterilisiert.
3. Gegenprozesse haben eingesetzt. Zu wenig körperliche Bewegung und wachsendes Übergewicht lassen vielmehr befürchten, dass die Kinder von heute eher sterben werden als ihre Eltern. Hinweise auf eine solche Entwicklung fanden Forscher aus dem italienischen Salerno im Herbst 2004 bei Untersuchungen von Kindern unter 14 Jahren. Erstmals zeigten bereits Siebenjährige Anzeichen von Krankheiten, die früher nur bei ihren Großeltern auftraten, wie Arteriosklerose, Altersdiabetes, erhöhten Blutdruck und alarmierende Cholesterinwerte.

Fehlprognosen können ganze Branchen ins Unglück stürzen. Telefonkonzerne boten seit den siebziger Jahren an, Fernsprechgerät und Kamera zum Bildtelefon zu verschmelzen. Zuerst für private Nutzer, dann für Unternehmen, um Konferenzen per Bildschirm abzuhalten. Aber alle Versuche der Markteinführung scheiterten. Wir wollen nun mal telefonieren, ohne uns um unseren Gesichtsausdruck und die Kleidung sorgen zu müssen. Für Businessleute ist das Wichtigste an ihren Tagungen zudem das Ambiente, also die Reise, das Hotel und die persönlichen Gespräche am Rande des offiziellen Programms. Dinge, die kein technisches Gerät je ersetzen wird. Heute kann jeder, der sein Bild übertragen will, eine Minikamera für wenige Euro an seinen Computer anschließen. Die Zahl der so geführten Telefonate liegt unter einem Prozent und ist hauptsächlich für Gehörlose interessant.

Der Trickle-down-Effekt

Als Anfang der siebziger Jahre Miniröcke die Modenorm bestimmten, hätte sich niemand vorstellen können, dass eine Frau je wieder ein langes Kleid trägt. Gut fünf Jahre später waren bodenlange Röcke todschick, kurze Säume verpönt. Eine Mode, die gerade aktuell ist, wirkt häufig wie eine zeitlose Norm. Man kann sich schwer vorstellen, in fünf Jahren entgegengesetzte Vorlieben zu hegen. Wer sich für eine Lehrstelle bewirbt, seinen Beruf wechselt oder ein neues Produkt auf den Markt bringt, sollte sehr genau prüfen, ob er nicht einem Modetrend aufgesessen ist. Immerhin dauert es einige Jahre, bis Sie in so einem Fall ein Ergebnis sehen. Dann könnte die Mode gerade vorbei sein. Nicht nur die Kleidung, sondern auch die Bereiche Wellness, Fitness, Fremdsprachen und Informatik sind von zahlreichen Moden bestimmt. Was tun in einem solchen Fall? Die Finger davonlassen und sich auf konservative, langlebige Felder beschränken?

Im Gegenteil. Der Wechsel der Moden und Trends bietet Ihnen als Überlebenskünstler großartige Chancen, wenn Sie Ihre Denkweise umkehren. Wenn Sie nicht mehr fragen:

«Was liegt gerade im Trend?», sondern: «Was ist schon so lange out, dass es demnächst wieder aktuell werden könnte?»

Moden unterliegen dem Trickle-down-Effekt (das englische «trickle down» bedeutet «nach unten tropfen»). Eine Richtung ist gerade allgemein üblich geworden, da sucht eine kleine Gruppe von Leuten - die Trendsetter - nach Möglichkeiten, sich von der Mehrheit, dem Mainstream, abzusetzen. Ob Piercing, Bioprodukte oder Inlineskater: Alles fing mit einer kleinen Gruppe von Fans an, denen normale Ohrringe, Supermarktfrüchte und die Rollschuhe ihrer Kinderzeit nicht mehr genügten. Die Medien berichteten darüber, und bald «tropfte» die neue Mode von der Spitze einer kleinen Elite hinunter in die breite Masse. Dort hielt sich die Strömung eine Weile, bis allmählich von den Trendsettern her eine neue Mode «heruntertropfte». Bis sogar die Modemuffel die vorige Richtung unmöglich fanden.

Jetzt gilt es abzuwarten, bis sich auch der Nachfolgetrend überlebt hat und als völlig out gilt. In diesem Moment wird der vorhergehende Trend bereits für Trendsetter schon wieder interessant. Das Spiel kann von vorn beginnen. Eine Mode durchläuft nach dem Trickle-down-Effekt also fünf Stufen:

1. Trendsetter etablieren sie.
2. Die Mehrheit übernimmt sie.
3. Das Neue veraltet.
4. Die Mode verschwindet und gerät in Vergessenheit.
5. Trendsetter entdecken sie neu.

Um den Trickle-down-Effekt für sich zu nutzen, stellen Sie folgende Überlegungen an:

- Wie lange hält ein Trend in meiner Branche üblicherweise an?
- Wenn ich den jetzigen Trend für überholt halten würde, was müsste ich dann stattdessen für gut halten? (Häufig ist es einfach das Gegenteil des jetzt Üblichen.)
- Welcher Trend, den es schon einmal gab, würde zu einer so geänderten Denkweise passen?

Beachten Sie, dass eine alte Mode niemals unverändert zurückkehrt. Die Erfahrungen der dazwischen liegenden Jahre hinterlassen ihre Spuren. Jede Nostalgie ist durchtränkt vom Zeitgeist der Gegenwart. Vergleichen Sie nur einmal den Retrolook, der Stilelemente der fünfziger oder siebziger Jahre aufnimmt, mit den Originalkleidern, die Sie in alten Filmen bewundern können. Es handelt sich um ein Nachempfinden, keinesfalls um eine exakte Kopie. Wenn es Ihnen schwer fallen sollte, sich in den Geist früherer Jahre hineinzuversetzen, ist das also eher von Vorteil. Bedienen Sie sich im Fundus des Ausrangierten und bereichern Sie ihn mit den Gedanken und Gefühlen der Gegenwart.

5.
Strecken Sie Ihre Fühler aus

Zwei Schuhverkäufer sind im Busch von Zentralafrika unterwegs auf der Suche nach neuen Absatzmärkten. Der eine sendet seinem Chef aus der nächstgrößeren Stadt folgende E-Mail: «Leider nichts zu verkaufen. Eingeborene tragen keine Schuhe.»

Der andere: «Riesige Chancen! Keiner der Eingeborenen trägt Schuhe. Wir können den Markt beherrschen. Ich habe den größten leer stehenden Laden angemietet. Schicken Sie, was unser Lager hergibt.»

Übersättigt, aber nicht satt

Diese Lieblingsanekdote von Sony-Chef Akio Monto verrät uns nicht, ob es dem zweiten Verkäufer je gelang, die Afrikaner für seine ungewohnte Fußbekleidung zu begeistern. Und ob die überhaupt in der Lage waren, sie zu bezahlen. Aber auch als Sony ein Diktiergerät zum Walkman weiterentwickelte oder als Bill Gates zusammen mit seinem Schulkameraden Paul Allen 1975 seine Softwareschmiede Microsoft gründete, gab es für die neuen Produkte noch keinen Markt. Gates fühlt sich moralisch im Recht, wenn er sein Monopol bei Betriebssystemen verteidigt. Er steht auf dem Standpunkt: Ich habe diesen Markt erst geschaffen, also gehört er mir auch.

Krisen entstehen aus Übersättigung. Gewohnte Verhaltensweisen bringen nicht mehr den gewohnten Erfolg. Bedürfnisse bestehen nicht mehr, sind mehr als befriedigt, oder die Ansprüche sind gewachsen. Das gilt für Ehekrisen ebenso wie für wirtschaftliche Talfahrten. Vernünftigerweise hasten wir nicht jeder Veränderung hinterher. Es könnte sich ja um eine Modetorheit handeln. Doch selbst vorübergehende Launen sollten wir nicht leichtfertig beiseite wischen. Sie liefern einen Hinweis, dass der Wind sich dreht. Die Alarmglocken sollten schrillen, wenn Sie Sätze wie die folgenden hören oder selbst aussprechen:

«Das haben wir immer so gemacht.»

«In dieser Lage sollten wir auf Bewährtes zurückgreifen.»

«Wenn wir uns alle ein bisschen mehr Mühe geben, kommt alles wieder ins Lot.»

«Es genügt, wenn wir sparsamer wirtschaften.»

«Persönliche Ansprüche sollten wir eine Zeit lang zurückschrauben.»

Solche Äußerungen sind ein Anzeichen, dass die Dinge anfangen, aus dem Ruder zu laufen und der Sprecher deshalb auf Defensive, auf die Bewahrung des Erreichten, umschaltet. Das ist nur allzu menschlich. Veränderungen gleichen einer Fahrt ins Ungewisse. Ohne große Not wird daher kaum jemand das vertraute Ufer verlassen. Eine Reihe seelischer Barrieren setzen dem Wandel Widerstand entgegen:

1. Stabile Verhältnisse vermitteln ein Gefühl von Sicherheit. Daher versuchen die meisten Menschen bei Schwierigkeiten zunächst, das alte Gleichgewicht wiederherzustellen.
2. Gewohnheiten sind äußerst effektiv. Man benötigt keine neuen Informationen, und die Handlungen sind eingeübt und automatisiert. Sein Verhalten umzustellen, erfordert Lernaufwand und Reibungsverluste.
3. Kollegen und Partner haben ihre Erwartungen aufeinander eingespielt. Jede Veränderung bringt das Beziehungsgefüge aus der Balance. Wer will schon freiwillig neue Konflikte erzeugen? Wer etwas verändern will, muss mit dem Vorwurf rechnen: «Wieso ist dir, was ich tue, auf einmal nicht mehr gut genug?»

Wären wir in der Lage, immer rechtzeitig unser Verhalten umzustellen, gäbe es keine Krisen. Ein Leben ohne jegliches Unglück und Missgeschick bleibt freilich ein Wunschtraum. Viele Veränderungen - vor allem, wenn sie abrupt eintreten wie Naturkatastrophen - sind nicht vorhersehbar. Andere sind unvermeidbarer Bestandteil der Biographie wie die Pubertät, Tod naher Angehöriger oder ernste Krankheiten. Sie können sie mildern und einigen Auswüchsen vorbeugen, aber gänzlich zu verhindern sind sie nicht.

Glatte berufliche Karrieren ohne Einbrüche und jähe Wendungen galten bei unseren Großeltern als Norm: «Der Junge lernt wie sein Vater Maschinenschlosser bei Borsig, und wenn er anstellig ist, kann er bald schon Meister werden. Da hat er eine Stellung fürs Leben und später eine sichere Rente.» Heute wirkt so eine Äußerung weltfremd. Und wer sucht schon einen Routinejob, in dem er mit zwanzig bereits weiß, was er mit sechzig tun wird?

Krisenjahre sind trübe Jahre, in denen es vielen schlechter geht als vorher. In denen die Zukunft eher düster erscheint. Dennoch finden sich immer einige clevere Leute, die gerade dann ihre größten Erfolge feiern. Worin besteht ihr Geheimnis?

Ablenker und Überwacher

Monika war immer schon ein wenig pummelig gewesen. Mit den Jahren wuchsen sich ihre Rundungen zu umfangreichen Speckrollen aus. Sie versuchte ihren Appetit zu bremsen, aber dann überfiel sie spätabends eine Heißhungerattacke, und sie wog mehr als je zuvor. Als sie 58 Jahre alt war und mit ihren 1,67 Meter 96 Kilo schwer, maß der Arzt bei einer Routineuntersuchung mehr als 140 Milligramm/Deziliter Blutzucker. Diagnose: Diabetes. Nun würde sie endlich ihr Essverhalten ändern müssen. Keine Süßigkeiten mehr.

Statt großer Heißhungermahlzeiten sechs bis sieben magere Snacks über den Tag verteilt. Viel Fahrradfahren und Spaziergänge. Eindringlich malte er ihr die Folgen aus, falls sie weiter an ihren ungesunden Gewohnheiten festhalten sollte: Erblindung, Nierenversagen, Brandigwerden und Amputation ihrer Beine.

Niedergeschlagen schlich sich Monika von der Sprechstunde nach Haus. Wie sollte sie sich mit der Krankheit arrangieren? Die amerikanische Forscherin Suzanne Miller von der Universität von Pennsylvania fand bei Kranken zwei typische Bewältigungsstrategien: Ablenker («blunter») und Überwacher («monitor»). Deutsche Ärzte fanden diese beiden Stile inzwischen auch bei ihren Patienten:

1. Ablenker folgen einer Vogel-Strauß-Politik. Sie schütteln die Angst ab. Je weniger Details sie erfahren, umso besser fühlen sie sich. Sie wollen es gar nicht so genau wissen. Warnsignale ignorieren sie weitgehend. Monika gehörte zu dieser Gruppe. Statt weiter über ihre Zuckerkrankheit nachzugrübeln, marschierte sie schnurstracks ins Kino und sah sich einen lustigen Film an – mit einer Tüte Popcorn auf dem Schoß.
2. Überwacher sind Menschen, die Gewissheit suchen. Sie fragen ihre Freunde und kaufen Bücher, um sich genau zu informieren. Auf den ersten Blick scheint dieser Stil der klügere. Sie setzen sich mit ihren Sorgen auseinander, statt sie zu ignorieren. Denn auch Überwacher nehmen ihr Schicksal nicht in die eigene Hand. Sie delegieren die Verantwortung an den Arzt. Sie folgen seinen Anweisungen aufs Wort und mausern sich zu Experten ihres Leidens. Doch wie viel sie auch herausgefunden haben – stets fühlen sie sich noch zu wenig informiert. Sie mögen sich noch so oft sagen: «Ich tue alles, was notwendig ist.» Tief im Innern lauert die Angst. Jedes neue Unwohlsein und jede Expertenmeinung, die sie im Fernsehen aufschnappen, regt sie auf.

Ein Indiz, ob Sie einen Ablenker oder einen Überwacher vor sich haben, liefert der nächtliche Schlaf. Ablenker schlafen gut. Überwacher tasten ihre Umgebung ständig nach Alarmsignalen ab. Fast 90 Prozent von ihnen entwickeln daher mit der Zeit eine Schlafstörung. Sie können nur schwer ein- oder durchschlafen.

Beide Stile sind eng mit dem Charakter verflochten. Jeder von uns verfolgt seine typische Bewältigungsstrategie, und zwar überall. Wer sich bei einer Krankheit mit einer Comedyshow ablenkt, wird dies auch nach einem Ehekrach oder bei einer drohenden Entlassung tun. 20 Prozent sind Ablenker, weitere 20 Prozent reine Überwacher. Die meisten von uns – 60 Prozent – folgen bei Krisen einem unentschiedenen Stil. Eine Weile lenken sie sich ab, dann nimmt die Unruhe überhand, und sie suchen nach Informationen. Eine Zeit lang geht das gut, dann aber sagen sie sich: «Das kann doch nicht alles im Leben sein. Habe ich, bloß weil ich Probleme habe, kein Recht mehr, mein Dasein zu genießen? Heute mache ich einen drauf.» Sie lenken sich erneut ab, bis wieder die Unruhe erwacht.

Verwandeln Sie Gefahren in Gelegenheiten

Die kanadischen Psychologinnen Julie Wilson und Mary Gick verglichen Anfang 2003 drei Bewältigungsstile in einer Studie an 120 Studenten. Sie ängstigten sie mit Horrortexten und teilten sie anschließend in drei Gruppen auf. Die erste sollte über die Texte nachdenken (Überwacher), die zweite sich passiv mit Lesen ablenken (Ablenker), die dritte neue Tanzschritte erlernen (aktive Bewältigung). Der anschließende Test ergab: Die erste Gruppe hatte ihre Ängstlichkeit am schlechtesten überwunden, die dritte Gruppe am besten.

Ob Ablenker oder Überwacher – beide Stile verleiten zu Passivität. Der erste schaut weg, der zweite starrt hin wie das Kaninchen auf die Schlange. Beide hoffen, dass sich die Krise entweder von allein auflöst oder ein Experte einen Ausweg für ihn findet. Doch unter den Charakteren mit einem Mischstil findet sich eine kleine Gruppe, die den Spieß umkehrt. Statt sich vor der Bedrohung zu fürchten, sehen sie in ihr eine Chance. Es ist gerade das passive Verhalten der Mehrheit, das kühnen Geistern neue Wege eröffnet.

Je schlechter die Lage, desto mehr Leute ziehen ihre Köpfe ein und warten ab. Sie schränken sich ein und hoffen, dass so der Kelch an ihnen vorübergeht. Welch eine Gelegenheit! Wenn alle anderen das Vertrauen verlieren, gehört Ihnen der brachliegende Markt. Da die Dinge nach allgemeiner Überzeugung schlecht stehen, genügen bereits kleine Erfolge, um einen Durchbruch an die Spitze zu erreichen. Wechseln Sie wie der Schuhverkäufer in der Anekdote am Anfang die Perspektive. Krisen machen unzufrieden? Wunderbar! Unzufriedenheit bedeutet viele unbefriedigte Wünsche. Bieten Sie Abhilfe an. Schlechte Zeiten bedeuten kein «Nichts geht mehr». Sie bringen vielmehr andere Bedürfnisse hervor:

Wer krank wird, kann vielleicht keine großen Ausflüge mehr unternehmen. Dafür hat er mehr Zeit zum Lesen, Briefeschreiben oder für lange Telefonate.

Wenn eine Liebe zerbricht, treten zwei Singles hinaus ins Leben. Sie brauchen Begegnungen und Anregungen, um sich endlich jene Wünsche zu erfüllen, die in den letzten Krisenjahren zu kurz kamen.

Wer seinen Job oder sein Geschäft einbüßt, hat nicht nur materielle Sorgen, sondern verliert auch Kollegen und seinen Status als gefragter Fachmann. Er benötigt Weiterbildung, private Arbeitsvermittlung, Kredite für eine Existenzgründung und berufliche Kontakte.

Überwacher suchen in einer Krise Abhilfe in Form von Informationen, Beratung oder Entlastung. Ablenker halten Ausschau nach Unterhaltung und Genuss. Wenn Sie eine Antwort auf allseits befürchtete Bedrohungen liefern, werden Sie nicht nur erfolgreich sein, wo andere verzagen. Sie können auch Dankbarkeit ernten. Wie Sie in Krisenzeiten zu einem gesuchten Experten werden? Bieten Sie Lösungen auf einem der folgenden Felder an:

Sicherheit geben. Nicht nur Versicherungen und Verkäufer von Alarmanlagen leben von den Ängsten ihrer Mitbürger. Auch Gesundheitsvorsorge, der Tierhandel und alle Firmen, die mit Schlagworten wie «Tradition» oder «seit Jahrzehnten bewährt» werben, verdienen gut in schlechten Zeiten. Hunde- und Katzenfutter ist eine der wenigen Branchen, die während der Flaute der letzten Jahre stete Zuwächse verzeichneten.

Warum? Bei steigenden Scheidungszahlen und sozialem Abstieg sind Haustiere verlässliche Partner, die Trost bieten. Zudem leben Haustierbesitzer im Schnitt gesünder, weil ihnen ihr Tier eine gewisse Regelmäßigkeit in der Lebensführung aufzwingt. Daher auch der Trend zur Vorsorge und zum gesunden Lebensstil. Wer Existenzsorgen hat, kann sich einen Verdienstausfall wegen Krankheiten nicht leisten.

Sparsamkeit fördern. Discounter wie Aldi blühen in Krisenzeiten auf. Preiswerte No-Name-Produkte finden reißenden Absatz. Auch der Gebrauchtwarenhandel blüht wie nie zuvor. Als ab 2000 fast alle Internetfirmen schwere Rückschläge hinnehmen mussten, erreichte die Auktionsbörse eBay eine nie geahnte Blüte.

Luxus und Genuss. Während Überwacher zur Sparsamkeit neigen, sind Ablenker gerade in Krisen für den schönen Schein empfänglich. Mit einigen Edelmarken, die genau auf dieses Publikum setzen, geht es daher entgegen dem allgemeinen Trend aufwärts. Zu ihnen gehört Sportwagenhersteller Porsche, aber auch der Sportartikelproduzent Puma. Während die Flaute die Branchenführer Nike und Adidas hart erwischt hat, erlebte Puma mit seinen Lifestyleprodukten eine Wertsteigerung von 450 Prozent. Inzwischen ist auch Adidas auf Lifestyle umgeschwenkt.

Porsche und Puma haben insofern Glück, als sie ihre Kernkompetenz in einer Nische entfalten, in der sie unangefochten die Nummer eins sind. Modedesigner zum Beispiel haben es schwerer. Zu viele drängen auf den kleinen Markt betuchter Käufer. Wie finden Sie ein sicheres, lohnenswertes Feld, auf dem sich noch niemand tummelt? Fragen Sie sich: Welche Aufgaben meiner Branche gelten bei mir und meinen Kollegen als mühselig, nebensächlich oder undankbar? Was will keiner tun, obwohl es getan werden muss?

Wer einen solchen Bereich an sich zieht, über den sagen die Kollegen zunächst: «Fragt mal die Anke, die interessiert sich dafür.» Nachdem Anke einige Male in die Bresche gesprungen war, sagen sie: «Unsere Anke hat da Erfahrung.» Und einige Wochen später: «Dafür haben wir unsere Anke.» Von nun an gilt Anke als unentbehrlich. Sie kann ihre mühseligen Aufgaben nach eigenem Gutdünken umorganisieren. Dann kann sie ihre Tätigkeit schrittweise ausweiten und alles an sich ziehen, was mit ihrer neuen Kernkompetenz in einem Zusammenhang steht.

Nehmen wir an, Anke arbeitet in einem Büro, das Tätigkeitsberichte ihrer Firma zusammenstellt. Das sind umfangreiche Manuskripte mit Anhängen, Grafiken und Sachwortverzeichnissen. Bislang haben die Kollegen das Sachwortregister immer per Hand eingetippt, eine stupide Routinearbeit. Anke beschließt, diese Aufgabe zu übernehmen. Sie wirft einen Blick in die Bedienungsanleitung des Textverarbeitungsprogramms und entdeckt, dass der Computer diese Arbeit automatisch erledigen kann, wenn die Schreibkraft zuvor die Wörter im Text markiert und dann die Funktion «Index und Verzeichnisse» aufruft.

Bei ihrem ersten Versuch mit der Indexfunktion des Textverarbeitungsprogramms benötigt sie länger als beim Eintippen per Hand. Doch bald hat sie den Bogen heraus. Sie arbeitet nicht nur schneller als früher, sondern kann auch neue Leistungen anbieten, zum Beispiel automatisch Querverweise zwischen verwandten Textpassagen einfügen. Bei der Gelegenheit hat sie entdeckt, dass der Computer auch das Inhaltsverzeichnis automatisch aus den Überschriften zusammenstellen kann. Er benötigt dafür weniger als fünf Sekunden.

Sobald die anderen Mitarbeiter ihr dankbar alle Arbeiten am Register überlassen haben, kann Anke nach und nach Einfluss auf die Manuskripte und damit auf die Arbeit ihrer Kollegen nehmen. Sie braucht nur zu sagen: «Um das Register schnell und benutzerfreundlich erstellen zu können, benötige ich ...» Die Kollegen gewöhnen sich daran, Anke zuzuarbeiten. Lieber nehmen sie auf ihre Wünsche Rücksicht, als wieder wie früher seitenlang Stichwörter mit Seitenzahlen einzutippen.

Anke weiß: Nur wenn sie sich zur Generalistin entwickelt, hat sie langfristig gute Karten. Ist ihre Nische zu klein, ist sie leicht zu ersetzen. Ihre Nische ist dann groß genug, wenn wenigstens zwei Drittel ihrer Kollegen regelmäßig ihre Hilfe benötigen. Sollte jetzt eine Entlassungswelle ins Haus stehen, wird es sich ihr Chef dreimal überlegen, ob er gerade sie auf die Abschussliste setzt. Dann müsste er jemand anderen finden, der sich in ihre Aufgabe einarbeitet. In einen Job, vor dem jeder sich drückt.

6.
Bereiten Sie sich in der Krise auf sonnige Zeiten vor

Stärkt Joggen die Widerstandskraft oder macht es einen fertig? Wer Freizeitläufer im Stadtpark beobachtet, erblickt hechelnde Gestalten mit hochroten Gesichtern und schweißverklebten Haaren, deren Miene von Qual und Erschöpfung kündet. Wer hat nicht schon bei ihrem Anblick gedacht: «Das kann nicht gesund sein!»? Kam da nicht gerade letztens eine Meldung in den Nachrichten, dass beim Marathon wieder einmal ein Läufer einem Herzschlag erlegen ist?

Unterzieht sich der Jogger jedoch bei seinem Arzt einem Bodycheck, zeigt sich genau das gegenteilige Bild. Beim Lungenfunktionstest presst er noch Luft aus seiner Brust, wenn dem Normalbürger längst die Puste ausgegangen ist. Grippewellen machen einen Bogen um ihn. Er besitzt mehr rote Blutkörperchen, den kräftigeren Puls, und sogar sein Gehör kann höhere Frequenzen unterscheiden. Seine Lebenserwartung steigt um sieben Jahre an. Die Statistik bestätigt: Plötzlicher Herztod kommt beim Marathon seltener vor als beim Kegeln, Golf oder Tennis.

Die Kunst, erfolgreich zu scheitern

Beim Erfolgsstreben in anderen Bereichen können Sie den gleichen Widerspruch beobachten. Nur in den Medien kommen Sieger immer leicht und locker daher. Doch selbst der Außenstehende kann sich denken, dass das Lächeln und der beschwingte Schritt der Models Ergebnis harten, wochenlangen Trainings sind.

Ich bin seit über zwanzig Jahren Jogger. Als ich das erste Mal meine Sportschuhe anzog, um ein paar Runden um die Häuser zu drehen, hatte ich mir vorgenommen, wenigstens zehn Minuten im Schneckentrab durchzuhalten. Nach sechs Minuten war ich so fertig, dass ich fürchtete, im nächsten Moment wäre es mit mir vorbei. Ich weiß nicht mehr, wie ich die letzten vier Minuten durchgehalten habe. Ich erinnere mich nur noch, wie ich anschließend die Treppen zu meiner Wohnung hochkroch und eine Stunde lang die Beine hochlegen musste, so sehr taten mir alle Knochen weh.

Und das mit Mitte zwanzig! Nach diesem Versuch war ich erschrocken, wie sehr ein paar Jahre Studium ohne körperliche Betätigung an meiner Kondition gezehrt hatten. Das bewog mich, weiterzumachen. Heute kann ich aus dem Stand locker über eine Stunde durchlaufen. Danach kann ich gleich wieder an die Arbeit gehen oder noch mit Freunden einen Ausflug unternehmen. Eine Leistung, zu der ich nicht einmal als fitter Jugendlicher in der Lage gewesen wäre.

Seitdem misstraue ich allen Märchen vom mühelosen Erfolg. Stellen Sie sich vor, zwanzig Leute wollten Musiker werden. Zehn verlassen sich allein auf ihr musikalisches Gefühl und ihr angeborenes Talent. Die übrigen üben hart. Welches Wunder sollte verhindern, dass die zweite Gruppe die erste meilenweit hinter sich lässt? Schnelle Erfolge sind auch schnell wieder vorbei. Der Japaner Soichira Honda fing als junger Mann an, für Toyota eigene Kolbenringe zu entwickeln, später versuchte er sich am Design von Textilmaschinen, zwischendurch ging ihm das Geld aus. Erst nach langjährigem Auf und Ab gelang es ihm, seine eigenen Fahrzeuge zu bauen. Honda sagte später: «Viele Menschen träumen vom Erfolg. In meinen Augen kann Erfolg nur durch kontinuierliches Versagen und gleichzeitige Selbstkontrolle erreicht werden. Tatsächlich besteht ihre Arbeit nur zu einem Prozent aus Erfolg und ist zu 99 Prozent ein Ergebnis dessen, was man Misserfolg nennt.»

Unsere Kultur ist von Werbung durchzogen. Ihr Stil färbt auf uns ab. Wir achten peinlich darauf, nur unsere Schokoladenseite preiszugeben. Wenn wieder einmal ein Star im Interview erzählt, wie leicht ihm dank seines Naturtalents der Erfolg in den Schoß fiel - glauben Sie ihm kein Wort. Er betet nur den Text herunter, den ihm seine Imageberater verfasst haben, um ihn zum strahlenden Held zu stilisieren. Rühme dich deiner wenigen Erfolge, verschweige aber die Vielzahl deiner Niederlagen, lautet ihre Anweisung. Daher weiß kaum jemand, wie oft die Stars, zu denen wir bewundernd aufblicken, gescheitert sind. Wie viele Rollen sie nicht bekommen haben, wie viele Flops nie das Licht der Öffentlichkeit erblickten, wie viele Projekte sie in den Sand gesetzt haben, bevor sie einen Durchbruch feierten. Niederlagen sind das letzte Tabu der Erfolgsgesellschaft.

Dabei hat jeder schon mal auf der Seite der Verlierer gestanden. Kennen Sie jemanden, der nie in der Schule schlechte Noten erhalten, kein einziges Mal von einem Mädchen oder Jungen einen Korb bekommen oder verlassen worden ist, der niemals den Kürzeren zog und keine Lebensträume begraben musste? Der immer genug Geld in der Tasche hatte und jeden Job an Land zog, um den er sich bewarb? Selbst Dieter Bohlen, der von sich behauptet: «Was ich anfasse, wird ein Erfolg», hat auf einer Pressekonferenz zugegeben, dass er zumindest in seinen Ehen Niederlagen erlitt.

Wenn Sie in einer Sackgasse gelandet sind, befinden Sie sich in guter Gesellschaft. Entscheidend ist, was Sie nun unternehmen. Sie kennen sicher den Spruch «Nur aus Niederlagen lernt man». Aber wie? Die Psychologen, die ja erst um Rat gefragt werden, wenn die Krise schon da ist, haben das Problem genau untersucht und drei Regeln abgeleitet:

Gestehen Sie sich das Scheitern ein. Im Umgang mit Niederlagen sind zwei Extreme üblich. Die einen versuchen, ihren Misserfolg als Erfolg zu verkaufen. Nicht nur ihrem Chef, sondern auch sich selbst. Die anderen titulieren sich selbst als Versager und Pechvogel. Über ihrem Haupt schwebt ein Verhängnis, das jede ihrer Unternehmungen unweigerlich zum Untergang verurteilt. Beides verführt zum Weitermachen im alten Stil. Nur wer sich sagt, «Ich habe es versucht, und es hat nicht geklappt», öffnet sich den Weg zu einem Neuanfang.

Lassen Sie Niederlagen zu. Wer Nackenschläge empfangen hat, neigt dazu, in Zukunft doppelt vorsichtig zu operieren. Er wird risikoscheu. Statt in unbekanntes Terrain vorzustoßen, betreibt er eine reine Absicherungspolitik. Eine Fußballmannschaft, die mit allen elf Spielern das eigene Tor absichert, kann vielleicht Gegentore verhüten. Sie wird aber niemals einen eigenen Treffer erzielen und damit keinen Sieg.

Finden Sie neue Ziele. Erfolgsratgeber empfehlen oft, alle Kraft nur auf das eine, große Lebensziel auszurichten. Eine böse Falle! Damit wären Sie auf dem besten Weg, sich zu einem Fachidioten und Schmalspurcharakter zu entwickeln. Sollten Sie scheitern, hätten Sie keine Alternativen. Wie erkennen Sie, ob es lohnt, länger durchzuhalten, oder ob Sie lieber die Marschrichtung wechseln sollten? Neue Ziele brauchen Sie, wenn

- Sie, obwohl Sie schon Ihre Ansprüche herunterfuhren, immer noch Misserfolge erleiden,
- Ihre Entbehrungen und Anstrengungen wachsen, je länger Sie Ihr Ziel verfolgen,
- Sie ständig Kraft, Geld und Zeit investieren, ohne auch nur eine annähernde Belohnung in Aussicht zu haben.

Mit Ihrer generalisierten Kernkompetenz können Sie die Wegrichtung ändern, wenn Sie auf der ursprünglich eingeschlagenen Bahn nicht mehr weiterkommen. Prüfen Sie, warum Sie mit Ihrem ersten Ziel gescheitert sind. Der häufigste Grund, den Berater bei ihren Klienten fanden: Das Ziel war nicht präzise genug auf die persönlichen Stärken und Chancen zugeschnitten.

Die ZIELKURS-Formel

Befragungen von Absolventen amerikanischer Elite-Universitäten wie Harvard und Yale ergaben, dass die drei Prozent, die sich in der Jugend klare Ziele setzten, später nicht nur ein höheres Einkommen erzielten, sondern auch gesünder und glücklicher verheiratet waren. «Klares Ziel» bedeutet, acht Faktoren festzulegen, bevor Sie sich in Ihre neue Unternehmung stürzen. Als Eselsbrücke habe ich sie so geordnet, dass ihre Anfangsbuchstaben das Wort ZIELKURS ergeben.

Zeitrahmen. Er umfasst zwei Aspekte: Zeitaufwand und Endtermin. Wie viel Zeit wollen Sie täglich oder pro Woche aufwenden? Und zu welchem Termin wollen Sie Ihre Ziellinie überschreiten? Geht es um Ihre Karriere, fällt der Zeitaufwand mit Ihrer Arbeitszeit zusammen. Überlegen Sie sich in diesem Fall, wie viele Stunden Sie aufwenden wollen, um Ihre Karriere zusätzlich zu fördern. Das kann Zeit für Sonderprojekte sein, aber auch jede Minute, die Sie dem Smalltalk in der Abteilung widmen, um den zwischenmenschlichen Kontakt zu fördern.

Investitionen. Wie viel Geld und andere Aufwendungen müssen Sie investieren, um voranzukommen? Rechnen Sie mit unvorhergesehenen Zwischenfällen, die einen extra Aufwand erfordern werden. Damit beugen Sie plötzlichen Engpässen vor. Können Sie mit Ihren Konkurrenten finanziell nicht mithalten, überlegen Sie sich rechtzeitig clevere Ersatzstrategien. Zum Beispiel gegenseitige Hilfe auf Tauschbasis oder nützliche Beziehungen aktivieren.

Entbehrungen. Der Weg an die Spitze ist steinig. Wer weiter kommen will als andere, muss bereit sein, unterwegs auf so manche Bequemlichkeit zu verzichten. Von der Raucherentwöhnung bis zur Doktorarbeit – die anfängliche Begeisterung lässt schnell nach, wenn man sich nicht klar gemacht hat, welche Härten unterwegs lauern. Überlegen Sie vorher, welche Opfer Sie zu bringen bereit sind. Einschränkungen verlieren Ihren Schrecken, wenn Sie auf sie vorbereitet sind.

Lage. Welches ist Ihre Ausgangslage, verglichen mit dem Zustand, den Sie erreichen wollen? Ist der Abstand zwischen Ist und Soll sehr groß, ist es weise, zunächst erst einmal ein Teilziel anzustreben. Wer als Schönheitschirurg reich werden will, sollte zunächst sein Medizinstudium mit guten Noten beenden. Wer sich eine Zukunft als Comedystar erträumt, sollte erst dann zu Castings gehen, wenn er sein Talent erfolgreich auf kleinen Bühnen erprobt und dort die Leute zum Lachen gebracht hat. Von Otto Waalkes bis Dieter Nuhr – die Stars sammelten ihren ersten Applaus in kleinen Klubs. Haben Sie das erste, kleine Etappenziel erreicht, wird Ihre Zuversicht wachsen, auch die übrigen Schritte bewältigen zu können.

Konkretheit. Formulieren Sie Ihr Ziel so genau wie möglich. «Reich werden» ist ein Traum, eine Wunschvorstellung – kein Ziel. «Finanzielle Kompetenz erwerben, um Millionär zu werden» ist ein Ziel, aber zu allgemein, um daraus eine brauchbare Strategie abzuleiten. Mit «Einen Finanzberater konsultieren und einen Sparplan aufstellen» sind Sie schon einen Schritt weiter. Konkret ist Ihr Ziel erst, wenn Sie wissen, welchen Experten Sie ins Auge fassen und welche Summe Sie bis wann zusammenbringen wollen. Zu diesem Zweck werden Sie in aller Regel Informationen einholen müssen. Tun Sie es unbedingt! Der Aufwand lohnt sich. Denn mit dieser kleinen Vorarbeit haben Sie bereits einen Vorsprung über die 95 Prozent Ihrer Mitbürger erlangt, die das gleiche Ziel haben, aber über die entscheidende Einzelheit nicht Bescheid wissen.

Unabhängigkeit. Je weniger Ihr Erfolg von anderen abhängt, umso besser. Wenn Sie von Kunden oder Ihren Vorgesetzten abhängig sind, halten Sie sich mehrere Optionen offen. Kommt Ihre Firma in einer Flaute auf die Idee, Ihre Stelle einzusparen, statt Sie nach oben zu befördern, könnten gute Kontakte zu anderen Firmen Ihre Unabhängigkeit bewahren. Wohl dem, der sich jederzeit aussuchen kann, welchen Weg er einschlägt.

Realismus. Denken Sie langfristig. Von dem Erfolgstrainer Alexander Christiani stammt der Satz: «Die meisten überschätzen, was man in einem Jahr schaffen kann, und unterschätzen, was man in zehn Jahren erreichen kann.» Es ist möglich, dass Sie Glück haben und einige Etappenziele überspringen können. Sicherer ist es, mit einem mühseligen Anstieg zu rechnen. Wenn Sie dann eine Abkürzung finden, umso besser.

Spezifizierung. Manches Ziel ist gerade in Mode, zum Beispiel eine Karriere in der Showbranche. Überlegen Sie, ob Ihr Ziel wirklich Ihren Stärken entspricht, die Sie nach den Fragen von Seite 47 ermittelt haben. Clevere Talente meiden ein Spielfeld, auf das sich Tausende drängen. Sie suchen lieber ein wenig beachtetes Nebenfeld und versuchen von dort aus, als Quereinsteiger einen Fuß in die Tür zu bekommen.

Kreativität ist erlernbar

Wofür könnten Sie einen Ziegelstein verwenden?

Wenn Sie antworten: «Als Baumaterial», bewegen Sie sich in vertrauten Gedankenbahnen.

Wenn Sie sagen: «Als Briefbeschwerer», nutzen Sie die Grundeigenschaften Kompaktheit und Schwere in einem neuen Kontext.

Entgegnen Sie jedoch: «Ich würde ihn zerbröseln, aufschlämmen und als Farbmaterial für eine interessante Oberflächenstruktur in einem modernen Gemälde verwenden», ist Ihnen eine originelle und kreative Antwort eingefallen.

Niemals ist Kreativität so sehr gefragt wie in schwierigen Zeiten. Denn eine Krise bedeutet nicht nur ein Ärgernis. Sie reinigt und erneuert. Wenn Sie jetzt neue Ziele fassen, können Sie die Pause zwischen den alten und neuen Zeiten nutzen, um Projekte vorzubereiten, die einen längeren Atem brauchen. Dann werden Sie rechtzeitig zur Stelle sein, wenn der Wind sich dreht. Die meisten fangen erst an, wenn sich die neue Richtung schon etabliert hat. Wenn Sie vorher loslegen, haben Sie nicht nur die Nase vorn. Sie starten auch in einem Moment, wo alles noch offen ist. Wo kleine Initiativen große Wirkungen entfalten können, weil sich alle noch von der jüngsten Katastrophe gelähmt fühlen. Während die Mehrheit noch das Ende der guten Jahre beklagt, sehen Sie schon den Neuanfang heraufdämmern.

Zu keiner anderen Zeit haben Sie so gute Möglichkeiten, Ihre Ziele zum Maßstab zu erheben. Denn während einer Krise gibt Ihnen niemand die Richtung vor. Im Gegenteil, alle Welt wartet, dass jemand für sie entscheidet, wo es von nun an langgehen soll. Worauf es jetzt ankommt, sind gute Ideen. Aber wie finden Sie die?

Schöpferische Einfälle sind kein Zufall oder unerklärliche Begabung. Sie entstehen nicht, indem man tagelang in den Himmel starrt und auf eine Eingebung wartet. Kreativitätsforscher haben sich die Struktur origineller Lösungen der Vergangenheit angesehen. Das Neue entsteht nicht aus dem Nichts, sondern durch Verknüpfung des schon Existierenden nach bestimmten Regeln. Jeder kann sie lernen und so systematisch seine eigenen kreativen Resultate zusammenbasteln.

Verkehren Sie die vertraute Routinelösung in ihr Gegenteil. Ein Großteil wissenschaftlicher Neuerungen entstand auf diese Weise. Kopernikus löste die Schwierigkeiten der Astronomie seiner Zeit, indem er nicht mehr die Sonne um die Erde, sondern umgekehrt die Erde um die Sonne kreisen ließ. Bis Anfang des 19. Jahrhunderts glaubte man, dass die Tier- und Pflanzenarten von Anbeginn der Erdgeschichte unveränderlich seien. Die Biologie hatte zunehmend Schwierigkeiten mit dieser Annahme. Lamarck und Darwin drehten den Spieß um: Alle Arten entwickeln sich und gehen auseinander hervor. Bis ins 19. Jahrhundert galt auch als selbstverständlich, dass Psyche und Bewusstsein ein und dasselbe sind. Freuds Lehre, der größte Teil der seelischen Vorgänge laufe im Unterbewusstsein ab, revolutionierte unser Bild von uns selbst. Je selbstverständlicher eine Weisheit ist, desto mehr lohnt es sich nachzudenken, ob an ihrer Umkehrung nicht auch etwas dran ist.

Verbinden Sie zwei bisher unabhängige Bereiche miteinander. Das Beispiel am Anfang dieses Abschnitts beruht auf dieser Kreativitätsregel. Bauen (Ziegelstein) und Malerei (Farbmaterial) verbinden sich zu einer neuen, ungewohnten Einheit. Je weiter die beiden Bereiche auseinander liegen, je ungewohnter ihre Verbindung erscheint, desto kreativer wird die gefundene Lösung. Einige solcher Querverbindungen wurden so oft erfolgreich angewandt, dass sie fast schon wieder wie Routine wirken. Einige Beispiele:

Techniker kopieren Naturlösungen. So statten sie Fahrzeuge in unebenem Gelände außer mit Rädern auch mit beinähnlichen Konstruktionen aus.

Schulmediziner vertrauen längst nicht mehr nur Operationen und Medikamenten, sondern beziehen Heilmethoden anderer Kulturen, der Psychologie und die Aktivierung körpereigener Abwehrkräfte ein.

Neue Erkenntnisse werden in der Wissenschaft immer öfter durch Brückendisziplinen gewonnen. Das sind Forschungsgebiete, die zwischen traditionellen Fachgebieten liegen, also Biochemie, Astrophysik oder Kulturökonomie.

Wechseln Sie die Perspektive. Neue Möglichkeiten eröffnen sich, wenn wir versuchsweise mal unseren eigenen Blickwinkel verlassen und uns aus der Position anderer betrachten. Welch innerer Monolog mag in unserem Partner, unseren

Freunden und Kollegen ablaufen, wenn sie uns begegnen? Was würde mein Hund, mein Kanarienvogel, die Straßentaube, mein Schreibtisch oder der Aschenbecher meines Autos über sich und mich erzählen?

Verändern Sie den Kontext. Versetzen Sie sich gedanklich in eine andere Umgebung oder in eine andere Zeit. Stellen Sie sich vor, mit Ihren Kenntnissen und Ihren typischen Gewohnheiten würden Sie in einen antiken Steinbruch, an den römischen Kaiserhof, in einen Harem, in das Raumschiff Enterprise oder in das Land Phantásien versetzt. Was würde geschehen?

Kreativität erfordert den Mut, bewusst das Unübliche zu tun und so lange durchzuhalten, bis die Umgebung sich daran gewöhnt hat und Sie als Vorreiter betrachtet. Nicht jede schöpferische Lösung wird sich durchsetzen. Jede originelle Idee muss als Nächstes geprüft werden, ob sie realistisch ist. Das bedeutet unter anderem:

- Gibt es genug Leute, die einen Bedarf dafür haben werden?
- Wen kann ich von meiner Idee überzeugen?
- Ist sie überhaupt praktisch umsetzbar? (Das erfordert unter Umständen weitere kreative Einfälle.)
- Was wird die Umsetzung kosten?
- Wie hoch ist der mögliche Nutzen?

Manchmal verhindern selbstgeschaffene Hindernisse, dass eine originelle Idee zum Erfolg führt. Zum Beispiel:

- Mangelndes Durchhaltevermögen. Je ungewöhnlicher eine Idee, desto länger der Anlaufweg.
- Mangelnde Konzentration auf das Ziel, statt gebündelter Kernkompetenz. Verzettelung in zu vielen nur halb durchdachten Projekten.
- Selbstzensur. Manche originelle Idee wird schon im Vorfeld aufgegeben, weil sie zu phantastisch erscheint.
- Mangelndes Know-how in der Umsetzung. Aus Angst, dass die kreative Idee gestohlen werden könnte, versäumt

man, sich Hilfe für die Realisierung zu holen. Es gibt kaum einen schöpferischen Menschen, der ohne Hilfe anderer und ohne seinen Gewinn mit ihnen zu teilen, seine Ideen verwirklicht hätte. Selbst ein Maler braucht eine Galerie, um Käufer zu finden.

7.
Denken Sie in Wellen und Zyklen

Sabine war nur eine mittelmäßige Schülerin, aber eine hervorragende Schwimmerin. Alle Jungs unserer Klasse himmelten sie an. Sie trainierte im Sportclub. Während wir im Freibad mit ungeübten Armen und Beinen hastig durch das Wasser paddelten, ohne recht vom Fleck zu kommen, glitt sie mit wenigen Schwimmzügen elegant wie ein Delphin von einem Ende des Beckens zum anderen.

Eines Morgens waren wir die Ersten an der Kasse. Das Wasser lag noch unberührt und spiegelglatt, als wir die Liegewiese stürmten. Wir hatten kaum unsere Decken ausgebreitet, da erklomm Sabine schon den Zehn-Meter-Turm, wippte einmal auf der Spitze des Brettes und flog mit einem eleganten Kopfsprung in die Tiefe. Pfeilgerade durchbrach sie die Wasseroberfläche. Von der Stelle, an der sie unter der Oberfläche verschwand, breitete sich eine runde Welle über das ganze Becken und brach sich schließlich an seinen Rändern.

Warum Wasser den rollenden Stein besiegt

Seitdem habe ich immer, wenn ich von mutigen Taten höre, das Bild von Sabine und der von ihr ausgelösten Welle vor Augen. Ein in unserer Kultur unübliches Bild. Meistens sagen wir, jemand habe «eine Lawine losgetreten» oder «einen Stein ins Rollen gebracht». Wir denken an einen Ausgangspunkt und eine schnurgerade Linie, die von dort aus in eine vorbestimmte Richtung führt. Eine Welle breitet sich dagegen nach allen Seiten aus und folgt einem Steigen und Sinken. Denken Sie an Schall, Licht oder Radiostrahlen. Wir sind in jedem Moment von Tausenden von Wellen umgeben. Sie sind der Normalfall in der Natur. Objekte, die sich ohne Schwankungen nur in eine Richtung bewegen, sind die Ausnahme. Ein einzelner Felsbrocken wird nach einem Vulkanausbruch geradewegs ins Tal rollen. Blicken Sie jedoch auf den Vulkan als Ganzes, bemerken Sie eine ringförmig sich ausbreitende Welle von niederströmenden Steinen und Lava.

Nehmen wir ein anderes, vertrautes Beispiel. Steuern Sie jeden Morgen Ihren Wagen zur Arbeit und abends in Gegenrichtung nach Hause? Dann folgen Sie einer zielgerichteten, linearen Bewegung. Erweitern Sie einmal Ihren Blick und schauen Sie wie aus einem Satelliten auf den Gesamtverkehr. Dann sehen Sie eine Welle von Autofahrern, die sich früh von den Außenbezirken in die City ergießt und Stunden später aus der Mitte zu den Rändern zurückflutet. Ihre eigene Strecke erscheint in diesem Bild als das regelmäßige Auf und Ab eines Wellenpunktes.

Wie tief das Bild von der Geraden, die von der Vergangenheit in die Zukunft reicht, in unserem Denken verankert ist, zeigen die drei Wörter, mit denen wir am häufigsten Veränderungen beschreiben:

- **Entwicklung.** Es erinnert an ein Knäuel, das sich zu einer Schnur ent-wickelt.
- **Wachstum.** Ein Samenkorn entlässt aus seinem Innern einen Spross, der in gerader Linie dem Licht entgegenstrebt.
- **Fortschritt.** Wir stehen an einem Ausgangspunkt und schreiten fort zu unserem Ziel.

Alle drei Begriffe orientieren sich an der sinnlichen Erfahrung einer einzelnen, isolierten Bewegung. Ein Baum wird gepflanzt, wächst in die Höhe und fällt nach Jahren unter der Motorsäge der Forstarbeiter. Die Wälder haben dagegen schon viele Bäume aufwachsen und fallen sehen. Eine Zeitrafferaufnahme über Jahrhunderte würde eine Welle von ergrünenden, sterbenden und wieder ergrünenden Flächen abbilden.

Betrachten Sie die Abfolge der Tage mit ihren Sonnenaufgängen und -untergängen, die Jahreszeiten mit ihrer regelmäßigen Wiederkehr oder den Wechsel von Regen und Sonnenschein! Sobald Sie Ihre Perspektive erweitern, werden Sie unzählige Wellenbewegungen in der Natur entdecken. Und nicht nur dort. Auch unser Leben ähnelt eher Wellen, Kreisen und Spiralen als straff gespannten Schnüren.

Lange betrachtete man das Leben eines Menschen wie eine Treppe. Nach der Geburt gehe es treppaufwärts, mit zwanzig befinde sich das Individuum auf dem Höhepunkt seiner Leistungskraft und damit oben auf dem Podest. Danach gehe es unaufhaltsam wieder treppabwärts. Die psychologische Forschung hat dieses Bild gründlich korrigiert. Jeder von uns wechselt im Leben mehrmals zwischen Phasen der Stabilität und Krisenzeiten. Zwischen Vorschulalter, Pubertät und Wechseljahren/Midlife-Crisis liegen ruhige Wachstumsperioden, die eines Tages in neue Abschnitte von Selbstzweifeln und Neuorientierung münden werden. Nicht einmal das Alter führt unaufhaltsam nach unten. Zwischen 70 und 85 Jahren nehmen statistisch Krebs, Hinfälligkeit und Sterblichkeit enorm zu. Wer aber die magische Grenze von 85 Jahren überstanden hat, besitzt gute Chancen, 90 oder gar älter als 100 zu werden. Jenseits der 85 sinkt die Rate der Krebstoten wieder. Tumoren, Asthma und zahlreiche andere Krankheiten entwickeln sich weniger dramatisch. Bei 100-Jährigen ist der Anteil Pflegebedürftiger sogar geringer als bei 80-Jährigen. Kein Wunder, nur Rüstige werden sehr alt. Das ist der Grund, weshalb die neuere Alternsforschung «im Altern nicht nur einen Degenerationsprozess sieht, sondern eine Wellenbewegung» – so Frank Schirrmacher, Herausgeber der FAZ, in seinem Bestseller «Das Methusalem-Komplott».

Erheben wir den Blick vom Einzelnen zur Familie, erblicken wir ein Auf und Ab von Generationen. Wir sprechen von der Nachkriegsgeneration, den 68ern und der Generation Golf. Folgten sie einer geraden Linie, dürften wir keine unterscheidbaren Generationen abgrenzen können. Doch die Wellenbewegung sorgt dafür, dass die Jugendlichen, die zwischen zwei Generationen ihren achtzehnten Geburtstag feierten, sich durch ihr Verhalten entweder der vorigen oder schon der nächsten Generation zuordnen. Ich bin zum Beispiel noch von den 68ern geprägt, obwohl ich in dem entscheidenden Jahr erst zwölf wurde. Doch als in der zweiten Hälfte der siebziger Jahre Punk und Discoglamour die Szene bestimmten, hatte ich mich längst an den Werten meiner älteren Kameraden orientiert.

Auch Gesellschaften wachsen nicht gleichmäßig in eine Richtung. Stattdessen überlagern sich verschiedene Wellenbewegungen. Blütezeiten gab es zu Beginn des 20. Jahrhunderts, Mitte der zwanziger Jahre, in den Wirtschaftswunderjahren nach 1948, Mitte der achtziger und Ende der neunziger Jahre. Dazwischen lagen zwei Weltkriege, die Weltwirtschaftskrise nach 1929, der Ölschock nach 1973 und die Börsencrashs von 1987 und 2000.

Die verborgene Ordnung im Auf und Ab

Der Tunnelblick auf isolierte, lineare Abläufe ist die Ursache, warum uns Krisen so oft kalt erwischen. Umgekehrt lassen wir plötzliche Gelegenheiten ungenutzt verstreichen, weil wir noch ganz auf Abwärtstrend und Vorsicht eingestellt sind, obwohl die Welle längst wieder nach oben steigt. Ein Glücksfall für Sie, wenn Sie vor allen anderen die geänderten Zeichen der Zeit erkennen! Hatten Sie schon einmal in einer solchen Situation das Nachsehen? Hatten Sie einen Glückspilz um seine Intuition beneidet? Wenn Sie beim nächsten Mal den richtigen Riecher haben wollen: Stellen Sie sich die Zukunft nicht länger als gerade Linie vor, die vom Heute ins

Morgen führt, sondern als eine geschwungene Kurve, die aus Tälern und Bergen besteht.

Das widerspricht unseren Gewohnheiten. Wenn die Dinge gut laufen, hoffen wir unwillkürlich, dass die Glückssträhne anhält. Wer mehrere Nackenschläge einstecken musste, denkt: «Ein Unheil kommt selten allein» statt «Nach Wahrscheinlichkeitsrechnung wäre nach mehreren Missgeschicken wieder mal ein Glücksfall fällig». Doch selbst wer mit einem Auf und Ab rechnet, steht vor der Frage: Woher weiß ich, wann die Tendenz umkippt? Und wohin?

Diese Frage faszinierte vor über sechzig Jahren den österreichischen Ökonomen Joseph Alois Schumpeter so sehr, dass er ihr Jahrzehnte seines Forscherlebens widmete. Eine Welle besteht für ihn aus vier Phasen:

Aufschwung. Infolge neuer Entdeckungen und Erfindungen beginnt ein Blütezeit. Preise und Löhne steigen, neue Unternehmen schießen wie Pilze aus dem Boden. Der Wohlstand wächst und mit ihm die Zuversicht.

Rezession. Sobald auch der Letzte auf den fahrenden Zug aufgesprungen ist, kippt die Stimmung um. Die Märkte sind gesättigt. Die Preise fangen an zu fallen. Die Unternehmen machen mehr Verluste als Gewinne. Der Abschwung beginnt. Die Zukunft erscheint trübe.

Depression. Die negative Tendenz treibt die Entwicklung nicht nur bis zum ursprünglichen Ausgangsniveau zurück, sondern weiter, tief ins Minus. Selbst Verkäufer, die ihre Waren so billig anbieten, dass sie Verluste machen, werden sie kaum los. Die Arbeitslosigkeit und die Unternehmenspleiten erreichen Rekordniveau.

Erholung. In dem Moment, wo alle Welt einen völligen Zusammenbruch befürchtet, setzt eine Wiederbelebung ein. Auch in schlechten Zeiten müssen die Leute essen, sich kleiden und ihre Miete bezahlen. Dieser Mindestkonsum hält die Wirtschaft am Laufen. Bei diesem Niveau hört der Abwärtstrend auf. Einige Unentwegte wittern Morgenluft und strecken ihre Fühler aus. Und es funktioniert. Allmählich kehrt die Gesellschaft zum Ausgangsniveau zurück, von dem aus ein neuer Aufschwung starten kann.

Nicht nur die Wirtschaft, auch Ehekrisen, Krankheiten, ja sogar das subjektive Wohlbefinden folgen diesem Rhythmus. Wie lange dauert so ein Zyklus aus einer aufsteigenden und einer absteigenden Wellenbewegung? Schumpeter beschrieb drei Arten von Zyklen, die einander in steter Wellenbewegung überlagern:

Kitchin-Zyklus. Er ist der kürzeste. Er dauert im Schnitt 40 Monate, also knapp dreieinhalb Jahre. Seinen Namen verdankt er dem britischen Geschäftsmann Joseph Kitchin (1861–1932), der als Erster in seinen Geschäftsstatistiken diese kurzen Konjunkturschwankungen entdeckte. Viele Moden dauern einen Kitchin-Zyklus lang. Computer veralten nach gut drei Jahren. Die meisten Ehen, die vor dem Scheidungsrichter enden, halten höchstens vier Jahre. Das fand die US-Anthropologin Helen Fisher heraus, als sie weltweit Scheidungsstatistiken auswertete.

Juglar-Zyklus. Er dauert sieben bis elf Jahre. Er ist nach Clément Juglar (1819–1905) benannt, einem Franzosen, der als Erster den Wechsel von Auf- und Abschwung in der Wirtschaft erforschte. Der Wechsel von Konjunktur und Stagnation folgt diesem Rhythmus. Die Biographie jedes Menschen lässt sich in Juglar-Zyklen unterteilen: Kinderjahre, Teenagerjahre, Berufsanfängerzeit (Ausbildung plus Einarbeitung im ersten Job) und so weiter. Der Bequemlichkeit halber rechnen wir meist in Lebensjahrzehnten, etwa so: «Ab dreißig führte er seine Karriere zum Höhepunkt. Ab vierzig kam er in die Midlifekrise, seine Ehe zerbrach, und er wechselte ins Ausland. Ab fünfzig war er endlich oben angekommen. Mit Anfang sechzig wechselte er in Altersteilzeit und ging dann in Pension.» Wir wissen natürlich, dass der neue Lebensabschnitt nicht genau mit dem runden Geburtstag beginnt, sondern etwas eher oder später.

Kondratieff-Zyklus. Dahinter bewegt sich aber noch eine langsamere Welle, deren Auf und Ab 50 bis 60 Jahre in Anspruch nimmt. Dieser Zyklus ist nach Nikolai D. Kondratieff (1892–1938) benannt, einem russischen Forscher, der Anfang der zwanziger Jahre in Moskau diese langen Zyklen entdeckte und mit ihrer Hilfe die Weltwirtschaftskrise von 1929 richtig voraussagte. Er fiel wie viele andere originelle russische Köpfe den Stalin'schen Säuberungen zum Opfer.

Die Dauer dieses Zyklus entspricht ungefähr einem aktiven Menschenleben, also vom Beginn der Schulzeit bis zur Pensionierung. Jeder Kondratieff-Zyklus steht unter der Herrschaft einer Technologie, die alle Lebensbereiche durchdringt. In den letzten Jahren waren es Computer und Multimedia, davor war es das Auto. Ende des 19. Jahrhunderts veränderte die neu erfundene Elektrizität das Leben unserer Vorfahren, sechzig Jahre zuvor war es die Eisenbahn. Zu Anfang eines Kondratieff-Zyklus setzte sich stets eine bahnbrechende Erfindung allgemein durch, führte zu starkem Wachstum und veränderte das Antlitz der Gesellschaft. Die Wellen folgen nicht streng aufeinander, sondern die nächste beginnt schon, während die vorige noch ausläuft. Die folgende Tabelle zeigt die Kondratieff-Wellen der letzten 200 Jahre.

Zyklus	Medium	Technik	Grundbedürfnis	Vernetzung
1780–1840	Dampf	Dampfmaschinen	Industrialisierung	Schifffahrtrouten
1830–1890	Stahl	Eisenbahn	Beschleunigung	Schienennetze
1880–1940	Elektrizität	Lampen, Kino, Elektrogeräte	Großstadtleben	Strom- und Telefonnetze
1930–1990	Erdöl	Auto, Flugzeuge	Individualität, Mobilität	Pipelines, Autobahnen
1980–2040	Mikroelektronik	Computer	Globalisierung	Internet

Mit dem Ölschock von 1973 begann die Endphase der vorigen Kondratieff-Welle. Zu Beginn des neuen Jahrtausends schwenkte die aktuelle Welle auf den Abwärtstrend um. Anders ausgedrückt, die Computereuphorie hat ihren Höhepunkt überschritten. Schon halten Experten nach einer neuen Basistechnologie Ausschau. Die einen hoffen auf die Biotechnik, andere auf die Nanotechnologie - winzige Bauteile, die nur unter dem Mikroskop zu erkennen sind. Ein Blick auf die Tabelle zeigt: Es ist noch zu früh. Der nächste große Zyklus beginnt erst um 2030.

Bei der Biotechnik handelt es sich eher um eine Juglar-Welle, eine kleinere Welle innerhalb der großen Computerwelle. Als um 1999 alle Welt behauptete: «Die Gentechnik ist im Kommen», kamen in Wirklichkeit ihre Kritiker. Eine heiße Debatte ums Klonen, genveränderte Nahrung und Stammzellenforschung entbrannte. Die reale Entwicklung blieb hinter den spektakulären Vorhersagen zurück. Doch nach dem Sieg der Pessimisten folgt eine neue Offensive der Befürworter, die auf die Chancen für die Medizin hinweisen. Gesetzliche Regelungen schreiben einen Mittelweg fest. Am Ende steht eine milde Biotechnologie, die kritische Einwände berücksichtigt.

Wenn Sie in Wellen und Zyklen denken, können Sie momentane Krisen mit Gelassenheit betrachten. Es wird wieder aufwärts gehen. Sind Sie gerade in Richtung Wellental unterwegs oder haben Sie das Schlimmste schon hinter sich? Um das herauszufinden, berücksichtigen Sie nicht nur die letzten Ereignisse, sondern das Auf und Ab Ihres gesamten Lebensweges. Drei Beispiele:

Ihr Liebesleben liegt gerade am Boden. Halten Sie Rückschau: Wann waren Sie richtig verliebt, wann kriselte es, wann waren sie wie lange allein? Bei einer Beziehung über viele Jahre prüfen Sie: Wie lange dauerte die erste Begeisterung, wann zog Ernüchterung ein, wann dachten Sie an Trennung, wann rauften Sie beide sich wieder zusammen?

Ihr Job steht auf der Kippe. Wie viele Jobwechsel, Kündigungen und Neuanfänge haben Sie schon hinter sich? Folgen Erfolge und Einbrüche einem zeitlichen Rhythmus? Alle wie viel Jahre gibt es in Ihrem Beruf oder in Ihrer Firma grundsätzliche Umwälzungen? Oder läuft dort seit Jahrzehnten dieselbe Routine ab und Sie selbst sehnen sich nach Veränderung? Alle wie viel Jahre möchten Sie am liebsten etwas Neues anfangen?

Sie haben gerade das große Los gezogen – einen Riesenauftrag an Land gezogen, eine Galerie gefunden, die Ihre Gemälde ausstellt, oder im Lotto gewonnen. Betrachten Sie frühere Erfolge – bestandene Prüfungen, den Wunschpartner erobert –: Wie lange hatte die Euphorie angehalten? Wie lange wird es dauern, bis Sie wieder einen neuen Erfolg benötigen, um sich großartig zu fühlen?

Einzelne Vorhaben und Projekte folgen eher den Kitchin-Wellen von 3 bis 4 Jahren Dauer, während grundlegende Lebensphasen eher einem Juglar-Zyklus ähneln, also etwa ein Jahrzehnt anhalten. Berücksichtigen Sie diese Zeiträume in Ihrer Zeit- und Zielplanung. Liegt Ihr letzter beruflicher oder privater Erfolg etwa zwei Jahre zurück und laufen die Dinge momentan nicht so gut, können Sie etwas riskieren, um Ihre persönliche Trendwende einzuleiten. Sind Sie dagegen gerade erfolgreich, schalten Sie lieber von Risiko auf Absicherung um.

Sie können eine Reihe weiterer praktischer Regeln ableiten:

Folgewirkungen. Die Wellen bestimmen nicht nur die Wirtschaft, sondern auch die Kultur, die Familie und individuellen Vorlieben. Das Computerzeitalter (die aktuelle Kondratieff-Welle) veränderte die Art des Arbeitens, aber auch das alltägliche Verhalten. Fahren Sie in der Rush Hour U-Bahn: Vor zehn Jahren lasen die meisten Fahrgäste Zeitung. Heute haben sie ein Handy am Ohr. Die Eisenbahn beförderte Großfamilien, das Auto Kleinfamilien mit ein bis zwei Kindern, seit dem Computer wächst die Zahl der Singles. Daher können Sie im Computerzeitalter auch erfolgreich sein, wenn Sie kein Computerexperte sind, sondern eine der Folgewirkungen rechtzeitig erkennen. Zum Beispiel als Organisator von Singlebörsen oder als Selbständiger auf einem Telearbeitsplatz.

Vorgezogene Innovation. Bahnbrechende Neuerungen entstehen nicht erst, wenn der Aufschwung beginnt, sondern vorher, in der Erholungsphase des absterbenden Zeitalters. Die erste brauchbare Dampfmaschine baute James Watt 1769, ihr Siegeszug begann aber erst nach 1780. Die erste Dampflok ging 1804 auf Probefahrt, die erste Schienenstrecke nahm 1825 den Betrieb auf. Doch erst 1830 begann mit der Strecke Liverpool–Manchester der kommerzielle Eisenbahnbetrieb. Carl Benz und Gottlieb Daimler bauten ihr erstes Auto 1885, doch noch bis in die zwanziger Jahre dominierten Kutschen das Straßenbild. Programmierbare Rechenanlagen entstanden ab 1932. Bill Gates und Paul Allen gründeten Microsoft schon 1975. Doch erst das Betriebssystem MS-DOS für IBM-Computer läutete 1980 das neue Zeitalter ein. Die Erholungsphase der letzten Juglar-Welle, die im Frühjahr 2004 begann, ist daher ein günstiger Zeitraum, um die Weichen neu zu stellen. Wer erst während des kommenden Aufschwungs anfängt, wird das Nachsehen haben. Konkurrenten präsentieren bereits fertige Lösungen, wenn der Spätstarter erst anfängt, sich neu zu orientieren.

Konfliktgefahr. In der Hochphase, also auf dem Wellenberg, sind Konflikte zu erwarten. Schwere Auseinandersetzungen bis hin zu Kriegen fallen in diese Zeit. Alle sind noch auf Blühen und Wachsen eingestellt, aber die Kapazität ist erschöpft. Die erste Reaktion ist ein Gerangel um die knapper werdenden Plätze an der Sonne. Gehen Sie zu diesem Zeitpunkt keine Risiken mehr ein. Schalten Sie um auf Sicherheit und ziehen Sie sich vom Kampfplatz zurück. Tauschen Sie Ihre Aktien in verzinsbare Wertpapiere um, geben Sie langfristigen, gut abgesicherten Aufträgen den Vorzug, kümmern Sie sich jetzt mehr um Ihre Familie als um den nächsten Karrieresprung. Während die andern noch kämpfen, bereiten Sie sich in Ruhe auf die kommende, neue Welle vor, die garantiert in eine andere Richtung führt.

Trendvorhersagen. Misstrauen Sie allen Prognosen, die auf dem Höhepunkt oder dem Tiefpunkt eines Zyklus veröffentlicht werden. Medien und Experten erwarten auf dem Höhepunkt, dass es weiter aufwärts geht. Auf dem Tiefpunkt rechnen sie dagegen mit einer lang anhaltenden Stagnation. Manche verkünden sogar den Untergang des Abendlandes. Dann sind sie gut beraten, sich auf das genaue Gegenteil einzustellen. Anders in den Zwischenzeiten. Wenn der Abwärts- oder Aufwärtstrend gerade erst begonnen hat, wird er noch eine Weile anhalten. In diesen Zeiten sind Expertenvorhersagen recht zuverlässig.

8.
Setzen Sie auf realistischen Optimismus

«Da das Geheimnis des Erfolgs lediglich in der Kunst besteht, die Menschen so weit zu bringen, dass sie dem Gelingen unserer Absichten dienen», schrieb der Franzose Maurice Joly im Jahre 1867, genüge eine Portion Unverfrorenheit, und die Welt stehe einem offen.

In seinem «Handbuch für Aufsteiger», dem Vorbild aller späteren Erfolgsratgeber, stellte er folgende Regeln auf, um an die Spitze zu gelangen:

«Je mehr man von den Menschen verlangt, umso mehr erhält man.»

«Je weniger man bezahlt, desto besser wird man bedient.»

«Wer zu herrschen begehrt, wird auch herrschen, denn die Welt gibt sich in jeder Hinsicht nur mit denen ab, die ihre Ansprüche anmelden. Im Allgemeinen ist es also günstiger, Ansprüche zu haben als Fähigkeiten.»

Leider ist es ihm nicht gelungen, aus seinen Regeln selbst Nutzen zu ziehen. Sein Erfolgsbuch war der letzte Erfolg seines Lebens. Danach endete seine Glückssträhne. Den Absturz ins Nirgendwo verkraftete er nicht. 1878 nahm er sich das Leben.

Vom Nutzen der Hoffnung

Nach Maurice Joly herrschen in der Welt Borniertheit, Heuchelei und Vetternwirtschaft. Nach oben gelangt nur, wer eine freundliche Maske aufsetzt und zugleich rücksichtslos seine Ellenbogen gebraucht. So geistreich seine Bonmots auch wirken mögen – aus seiner Beschreibung spricht der Neid des Zu-kurz-Gekommenen auf die Glückskinder seiner Zeit. Mit dieser pessimistischen Weltsicht musste er scheitern.

Was tatsächlich die Erfolgreichen von den Erfolglosen unterscheidet, konnte Joly noch nicht wissen. Die Forscher des 19. Jahrhunderts interessierten sich noch nicht allzu sehr für Psychologie. Denn genau das Gegenteil ist wahr: Nur dem lächelt das Glück auf Dauer, dem selbst nach Lächeln zumute ist. Der an sich selbst und das Positive in seinen Mitmenschen glaubt.

Seit Mitte der sechziger Jahre erforscht Martin Seligman von der Universität von Pennsylvania die Vorzüge einer optimistischen Weltsicht. In zahlreichen Untersuchungen zeigte er, dass Optimisten auf dem Spielplatz, in der Schule, der Ausbildung und bei der Partnersuche besser abschneiden. Sie sind sogar widerstandsfähiger gegenüber Bakterien und Viren. Der Psychologe Christopher Peterson von der Universität von Michigan nutzte einen von Seligman entwickelten Test, um seine Studenten in Pessimisten und Optimisten einzuteilen. Danach beobachtete er ein Jahr lang ihren Gesundheitszustand. Die Pessimisten litten doppelt so oft an Erkältungen und Grippe. Die Optimisten mussten nur halb so oft zum Arzt. Mediziner in San Francisco lieferten noch einen eindrucksvolleren Beleg für die Stärke einer hoffnungsvollen Einstellung. Sie führten eine Statistik über das weitere Schicksal ihrer Herzinfarktpatienten. Von ihren 16 optimistischsten Patienten lebten 8 Jahre nach dem Infarkt noch 11, von den 16 pessimistischsten nur noch einer.

Und im Beruf? Hängt der Erfolg nicht in erster Linie vom fachlichen Können ab?

Roland ist Versicherungsvertreter, ein undankbarer Job. Der erste Kunde, bei dem er klingelt, schlägt ihm nach zehn Sekunden erbost die Tür vor der Nase zu. Der zweite sagt, er habe alle nötigen Versicherungen. Der dritte lässt ihn herein, aber nur weil er sich einsam fühlt. Er nutzt die Gelegenheit, Roland seine Lebensgeschichte zu erzählen. Wenn Roland seine Versicherungen ins Gespräch bringt, hebt der Einsame zu einer neuen Klage über die Ungerechtigkeit des Schicksals an.

Roland kennt die Statistiken seines Unternehmens. Er weiß, dass er einige Dutzend Mal klingeln muss, um sich einmal die Provision für einen Vertragsabschluss verdienen zu können. Als Optimist zehrt er von diesen seltenen Erfolgserlebnissen. Er ist beharrlich und gibt nicht auf. Seine pessimistischen Kollegen haben sich innerlich längst verabschiedet. Sie finden ihren Job sinnlos. Sie erwarten nicht mehr, ihre Kunden überzeugen zu können. Daher bringen sie immer weniger Abschlüsse zustande. Sie halten in diesem Job keine zwölf Monate durch.

Nur bei wenigen ist der Optimismus fest im Charakter verankert. Und den kann ein Versicherungsvertreter bei seinem undankbaren Job wahrlich gebrauchen! Bei der Mehrheit steigt die Hoffnung erst mit der Zahl ihrer Erfolge und sinkt, wenn die Fehlschläge zunehmen. Sie sehen die Dinge rosarot, wenn die Glücksfee ihnen lächelt, und schwarz, wenn sie sich abwendet. In Berufen, in denen wenige Siege viele Verluste ausgleichen müssen – wie bei Roland –, werden Sie nur glücklich, wenn Sie Ihre Einstellung nicht dem Zufall überlassen. Roland erinnert sich regelmäßig an seine erfolgreichen Abschlüsse. Er ist voll Vorfreude auf den nächsten Erfolg. Er ruft sich öfter ins Gedächtnis, dass er eine bessere Bilanz vorweisen kann als die meisten seiner Kollegen.

Aber reicht Zuversicht aus, um Erfolg zu haben? Kann sie in Krisenzeiten alle Hindernisse hinwegfegen?

Wann halb leer besser ist als halb voll

Ein eifriger Angestellter schlug immer, wenn er nicht weiterkam, seinen Kopf gegen die Tischplatte. Er heulte vor Schmerz. Auf seiner Stirn blühte eine Beule neben der anderen.

«Mensch, so geht das nicht weiter. Geh mal zum Psychiater», rieten seine Kollegen.

Der Angestellte folgte schließlich ihrem Rat. Als er am nächsten Morgen ins Büro kam, fragten sie ihn: «Hat er dir helfen können?»

«Und wie.»

Der Angestellte eilte beschwingt zu seinem Platz und stieß in der Eile seine Mappe vom Tisch. Jede Menge lose Blätter flatterten durch den Raum. Wütend schlug er seinen Kopf auf die Tischplatte.

«He, du haust dir ja immer noch Beulen auf deine Stirn!»

«Schon. Aber es macht mir nichts mehr aus.»

Diese Anekdote ist unter Psychologen äußerst beliebt. Sie hat aber einen ernsten Hintergrund. Optimismus erleichtert zwar den Umgang mit Problemen, er schafft sie jedoch nicht unbedingt aus der Welt. Wer die Dinge zu rosig sieht, belügt sich selbst. Wer nach einem Bankrott fröhlich die Schlüssel an den Insolvenzvollstrecker abgibt, ist trotzdem pleite. Mit etwas mehr Bodenhaftung hätte er dem Konkurs vorbeugen können. So aber sagte er sich: «Die Dinge werden schon wieder ins Lot kommen.» Neunmal behielt er Recht in seinem Optimismus, beim zehnten Mal schlug die Schuldenfalle zu.

Am meisten schadet rosaroter Optimismus bei einer Häufung von Unglücksfällen, die als «Krisenrutsch» bezeichnet wird. Typisch dafür sind Naturkatastrophen. Zunächst fällt etwas mehr Regen als gewöhnlich. Kein Grund zur Sorge, sagen die Optimisten in den Ämtern. Doch der Regen hört nicht auf, erste Bäche, dann Flüsse treten über die Ufer. Nun beginnen sich ungünstige Umstände zu addieren: vernachlässigte Uferbefestigungen, zugebaute Flussläufe, nicht erreichbare Notdienste wegen des Wochenendes, veraltete Alarmpläne, die nie in der Praxis erprobt wurden - und Beamte, die darauf hoffen, dass der Regen aufhört, bevor es zum Schlimmsten kommt. Leider entzieht sich das Wetter dem beschwörenden Einfluss hoffnungsfroher Gedanken.

Illusionen helfen nur, wenn in ihnen ein Funke Machbarkeit steckt. Pessimisten malen sich vielleicht den Super-GAU in schwärzesten Farben aus. Das trübt ihre Stimmung. Aber sie überlegen sich auch rechtzeitig Wege aus dem Schlamassel, ehe sie vor den Trümmern ihrer Existenz stehen. Wer von vornherein Pannen einkalkuliert, hat für den Notfall mindestens einen Alternativplan parat. Wie ziehe ich mich aus der Affäre, wenn beim Blind Date ein Fettwanst mit Mundgeruch auftaucht? Was unternehme ich, wenn nach meiner Existenzgründung keine Aufträge eintrudeln? Wenn es in der Bretagne vierzehn Tage lang regnen sollte - wie genieße ich trotzdem meinen Urlaub?

Pessimisten sind Realisten. Oder anders ausgedrückt: Eine negative Weltsicht schärft den Verstand. Je schlechter gelaunt zum Beispiel Zeugen vor Gericht sind, desto zuverlässiger sind ihre Aussagen, fand der australische Forscher Joe Forgas heraus. Ihre Erinnerungen an den Tathergang sind nicht nur genauer, sie konnten ihre Behauptungen auch besser begründen. Fröhliche Zeugen neigen zu einem großzügigen Umgang mit den Tatsachen und verlieren sich gern in Nebensächlichkeiten. Denn wer gut drauf ist, empfindet seine Umgebung als friedlich und benötigt keine geschärfte Aufmerksamkeit. Er lässt sich leicht ablenken, seine Beobachtungen bleiben oberflächlich.

Norbert Schwarz von der Universität Heidelberg und

Fritz Strack von der Universität Mannheim konnten zeigen, dass Pessimisten, die bei einem Vortrag zuhören, Argumente kritisch auf ihren Wahrheitsgehalt prüfen. Gut gelaunte Zuhörer lassen sich dagegen von dem Drumherum verführen. Macht der Redner einen sympathischen Eindruck, kann er gut reden oder führt er witzige Beispiele ins Feld, wird er ein positiv gestimmtes Publikum für sich einnehmen. Daher die alte Weisheit von Vortragsrednern: Wer nichts Gescheites zu sagen hat, tut gut daran, sein Publikum bei Laune zu halten.

Wäre Pessimismus immer von Nachteil, wäre er längst ausgestorben. Ein Schuss Schwarzseherei kann Katastrophen verhüten. Das zuträgliche Maß ist erst überschritten, wenn Sie sich hilflos fühlen und keinen Ausweg mehr sehen. Gerade in Krisen bewährt sich eine Haltung, die man so umschreiben könnte: Seien Sie auf das Schlimmste gefasst, aber hoffen Sie das Beste. Wenn Plan A nicht klappt, ist noch nicht aller Tage Abend. Sie haben ja noch Plan B.

Kleine Anleitung für Zuversicht mit Bodenhaftung

Optimismus siegt, wenn er nicht die Realitäten aus dem Auge verliert. Hegen Sie positive Erwartungen, obwohl Sie die Schwierigkeiten wahrnehmen. Ihre Zuversicht sollte begründet sein. Diese Haltung ist gar nicht so schwer einzunehmen. Sie entsteht aus der Art, wie Sie Ihre Probleme betrachten.

Abwärts vergleichen. Laufen die Dinge gut, orientieren wir uns nach oben. Wir messen unsere Leistungen an den Erfolgen derer, die schon einen Schritt weiter sind. Überlebenskünstler, die eine Krise mit Bravour meistern, wechseln den Blick, sobald Schwierigkeiten auftauchen. Als Kranke schauen sie nicht neidisch auf die Gesunden, sondern trösten sich damit, dass es Patienten, denen es noch schlechter geht, auch geschafft haben. Aus ihrem Beispiel schöpfen sie Hoffnung. Diese Strategie können Sie überall anwenden: Wie haben sich Personen, die noch schlechter dran sind als ich, am eigenen Schopf aus dem Sumpf gezogen?

Umwerten. Jeder Nachteil ist auf einem anderen Gebiet von Vorteil. Wenn Sie sich für einen Job bewerben wollen, was sind Ihre Handicaps? Sie sind fast fünfzig? Dann haben Sie Jüngeren Ihre Erfahrung voraus. Sie sind Familienmutter mit drei Kindern? Dann verfügen Sie über Organisationstalent, sind belastbar und können sparsam wirtschaften. Außerdem wissen Sie, wie man Konflikte schlichtet. Ihnen fehlt eine entscheidende Qualifikation? Betonen Sie, wie lernfähig und offen für Neues Sie sind. Was auch Ihr Handicap sein mag – suchen Sie nach einem Spielfeld, auf dem genau diese Eigenschaft von Vorteil ist.

Tu es! Wer etwas unternimmt, verbessert seine Laune auch dann, wenn sich kein äußerer Erfolg einstellt. Das können Sie selbst feststellen, wenn Sie sich einmal einer kleinen Mutprobe unterwerfen. Nehmen wir an, Sie seien schüchtern und finden deshalb schwer Kontakt. Sie gehen in eine belebte Einkaufsstraße und fangen an, wahllos Passanten mit einem fröhlichen «Guten Tag» zu grüßen. Einige werden verblüfft zurückgrüßen, andere schauen Ihnen verwundert hinterher. Aber niemand reißt Ihnen den Kopf ab. Am Ende werden Sie mit spürbar guter Laune nach Hause gehen, weil Sie für eine halbe Stunde über sich hinausgewachsen sind. In Bewegung zu bleiben, ist eine gute Methode, um in Zeiten der Stagnation nicht auf das Abstellgleis zu geraten. Wenn alle die Hände in den Schoß legen und auf bessere Zeiten warten, unternehmen Sie immer wieder kleine Vorstöße. Vielleicht bringt Sie schon der erste in die nächste Runde, vielleicht aber auch erst der zehnte.

Machen Sie sich krisenfest. Wie schnell geraten Sie auf die Palme, sobald es nach Ärger riecht? Die Fähigkeit, Frust mit innerer Heiterkeit zu ertragen, heißt in der Fachsprache Resilienz. Wörtlich bedeutet es federnde, nachgiebige Beweglichkeit. Sind Sie ein Fels in der Brandung? Nicht schlecht. Aber immer wieder anprallende Wellen werden Sie nach und nach aushöhlen. Widerstandsfähiger als der Stein ist ein Grashalm, der durch seine Biegsamkeit dem Sturm trotzt und deshalb selbst bei Windstärke 12 fest im Boden verwurzelt bleibt. Vier Eigenschaften verleihen Ihnen Resilienz:

INNERER ABSTAND. Wenn Sie den momentanen Ärger aus der Distanz von fünf Jahren später betrachten könnten – wäre er dann noch die ganze Aufregung wert?

HUMOR. Wer sich selbst nicht zu ernst nimmt, kann auf Kämpfe um Trivialitäten verzichten.

MÄSSIGUNG. Solange Sie auf den Ausgleich von Extremen bedacht sind, nehmen Sie Konflikten die Spitze.

UNTERSTÜTZUNG VON FREUNDEN. Lassen Sie sich von Ihren Vertrauten loben und bestärken. Zuspruch von Gleichgesinnten gleicht jede böse Kritik aus und stutzt sie auf das rechte Maß zurück.

Motivieren Sie sich. Wer mag schon Schwierigkeiten? Sie rauben Ihnen Ihren Elan und die gute Laune. Doch Überlebenskünstler wenden eine Reihe cleverer Tricks an, um über das Tief hinwegzukommen:

ERST MAL ANFANGEN. Lassen Sie sich von der Größe der Aufgabe nicht abschrecken. Nehmen Sie sich ein beliebiges Ende des Berges, der vor Ihnen liegt, und fangen Sie dort an. In aller Ruhe. Wenn Sie an den Nutzen des Freizeitsports glauben, aber sich nie überwinden konnten – erst einmal loslaufen und beobachten, wie Sie sich fühlen. Schließlich können Sie jederzeit wieder umkehren, wenn Ihnen dic Rennerei nicht behagt. Doch Gewohnheit ist eine starke Kraft. Wenn Sie erst einmal in Bewegung gekommen sind, zieht ein Schritt den nächsten nach sich.

POLITIK DER KLEINEN SCHRITTE. Packen Sie nur einen kleinen Teil des Problems auf einmal an. So viel, wie Sie ohne große Anstrengung überblicken können. Erst wenn Sie damit fertig sind, werden Sie entscheiden, ob Sie die zweite Etappe auch noch in Angriff nehmen. Wetten, dass es Ihnen nun leichter fällt, weiterzumachen?

SCHWIERIGKEITEN ALS LERNCHANCE SEHEN. Nehmen Sie die Herausforderung an. Beweisen Sie sich und anderen, was in Ihnen steckt. Versprechen Sie sich eine ordentliche Belohnung.

LIEBE ZUM DETAIL. Selbst wenn Ihr Auftrag Ihnen als Buch mit sieben Siegeln erscheint - Ihr Interesse wird erwachen, sobald Sie sich mit den Einzelheiten beschäftigen. Die Wirkung dieses Tricks können Sie bei Romanautoren studieren. Sie entführen Sie in Gefilde, in die Sie noch nie einen Fuß gesetzt haben. Und dennoch fiebern Sie mit, weil der Schriftsteller mit farbig ausgemalten sinnlichen Details Ihre Vorstellungskraft weckt.

9.
Geben Sie sich umso großzügiger, je schlechter die Geschäfte laufen

Philipp Rosenthal ging als junger Mann nach Amerika und absolvierte die typische Karriere als Tellerwäscher und Laufbursche. Als der Erfolg in der Neuen Welt ausblieb, kehrte er 1879 ins bayerische Selb zurück und gründete dort seine eigene Porzellanmanufaktur. Ein kitschiger Aschenbecher mit der Aufschrift «Ruheplätzchen für brennende Cigarren» entwickelte sich zum Verkaufsschlager.

Den weltweiten Siegeszug der Marke Rosenthal verdankte der Firmengründer seiner Generosität. Er zahlte die höchsten Löhne der Branche. Er gewährte bezahlten Urlaub, auch für werdende Mütter. Er ließ Arbeiterwohnungen, Kinderkrippen, ja sogar Schrebergärten für seine Angestellten einrichten – in einer Zeit, als die Arbeiter erst anfingen, um minimale Absicherungen zu kämpfen. Rosenthals Leitspruch lautete: «Man muss das Geld zum Fenster hinauswerfen, damit es zur Tür wieder hereinkommt.» Einer seiner Erben ergänzte: «Zum richtigen Fenster.»

Wann Sparsamkeit schadet

Großzügigkeit hebt die Moral – das erkannten auch andere Gründerväter. Der Waschmittelfabrikant Fritz Henkel bot auf seinem Werksgelände in Düsseldorf-Holthausen ab 1899 eine Werksbücherei, Säuglingsbetreuung sowie ein dreizehntes Monatsgehalt und eine betriebliche Altersversorgung an. Als er ab 1907 mit seinem «Persil» den Markt eroberte, wusste er seine Belegschaft hinter sich. Stahlfabrikant Reinhard Mannesmann zahlte die höchsten Löhne im Großraum Remscheid, richtete eine betriebliche Krankenkasse ein und gründete eine Volksbank, die verdienten Meistern zinslose Darlehen gewährte. Werner von Siemens motivierte seine Belegschaft mit verkürzter Arbeitszeit, Versorgung im Krankheitsfall und einer Pensionskasse.

Wenn die Firmengründer sparen mussten, geizten sie bei ihren persönlichen Ausgaben. Ihr Ziel bestand in erster Linie nicht darin, Millionen auf ihr eigenes Konto fließen zu lassen - Geld diente Ihnen nur als Gradmesser des Erfolges -, sondern die Konkurrenz zu überflügeln. Umso großzügiger gaben sie sich gegenüber ihrer Belegschaft und ihren Kunden. Das war keine spontane Weitherzigkeit, sondern ein wohlberechnetes Kalkül. Sie achteten auf ihren guten Ruf. Der russische Schriftsteller Fasil Iskander schrieb: «Ein von Natur aus knausriger Mensch kann klug, kann begabt sein, aber er besitzt keine Anziehungskraft. Anziehungskraft ist ein Ausdruck von Großzügigkeit.» Wie heute gab es vor hundert Jahren auch Chefs, die ihre Leute mit Pfennigfuchserei verprellten. Doch weil sie Misserfolge ernteten, erinnern wir uns heute nicht mehr an ihre Namen.

Wenn die Geschäfte gut laufen, fällt es leichter, andere an seinem Wohlstand teilhaben zu lassen. Doch wenn die Mittel knapp werden? Was liegt da näher, als zuerst alle Extras zu streichen! Oder zu versuchen, aus den Kunden einen Bonus herauszuschlagen. Kommen Ihnen folgende Beispiele vertraut vor?

Sie wollen sich die Haare schneiden lassen. Bei Ihrer unkomplizierten Frisur genügt Ihnen ein simpler Trockenschnitt. Doch kaum hat der Friseur Sie in seinen abwaschbaren Umhang eingeschnürt und fest in seinem Stuhl verankert, nötigt er Ihnen eine Haarwäsche und nach und nach verschiedene Haarwässer und Pflegeprodukte auf - alle mit dem Hinweis, dass ihm ohne sie ein vernünftiger Haarschnitt nicht gelingen werde.

Sie gehen in ein Spezialgeschäft, um sich beim Kauf von Skiern für Ihren Winterurlaub fachkundig beraten zu lassen. Der Verkäufer zieht zielsicher das teuerste Profimodell aus dem Ständer und sagt: «Mit einem Ski der oberen Preisklasse kann man nichts falsch machen.»

Sie lassen Ihren Geschirrspülautomaten reparieren, weil Sie ungewohnte Geräusche hören und sich unter der Maschine größere Pfützen bilden. Der Monteur veranschlagt die Kosten auf 200 Euro und wechselt mehrere Teile aus. Am Ende verlangt er 230 Euro und überschreitet den Voranschlag damit genau um die erlaubten maximalen 15 Prozent. Ein Freund sagt Ihnen ein paar Tage später, als Sie ihm den Defekt beschreiben: «Wahrscheinlich war nur der Zuleitungsschlauch eingerissen.»

Wie werden Sie reagieren? Ganz klar, Sie suchen sich beim nächsten Mal einen anderen Laden. Der Weg von der Krise in den Bankrott folgt immer dem gleichen Muster: Gehen die Geschäfte schlecht, halten sich die Firmen an ihren Kunden und Angestellten schadlos. Die Angestellten haben ein Ventil. Sie geben wie ihr Chef ihren Ärger an die Kunden weiter. So verprellen Angestellte und Ladenbesitzer gemeinsam diejenigen, die ihnen ihre Einnahmen und Gehälter garantieren. Knauserigkeit und schlechter Service verrät Ihnen, dass den Leuten das Wasser bis zum Hals stehen muss. Ein Teufelskreis gerät in Gang. Schlechte Geschäfte fördern den Geiz. Der Geiz verschlechtert die Geschäfte weiter, was zu noch größerem Geiz zwingt. Bis die letzten Kunden wegbleiben und der Laden dichtmachen muss.

Kleine Gesten, großes Vertrauen

Wenn Sie Ihre Ausgaben einschränken müssen – sparen Sie auf keinen Fall bei Ihren Geldquellen und Personen, auf die Sie angewiesen sind! (Wo Sie sparen können, erfahren Sie im nächsten Kapitel.) Großzügigkeit spricht sich herum. Nicht nur im Privatleben schließen wir von einem großzügigen Verhalten auf einen großzügigen Charakter. Sind Sie ein freigebiger Anbieter, kommen die Kunden gern. Sie nehmen es als Zeichen, dass es Ihnen gut geht. Und gut kann es Ihnen nur gehen, weil Sie gut sind. Weil viele Leute gern Ihren Service in Anspruch nehmen.

Auch im Zeitalter elektronischer Medien ist die Mundpropaganda immer noch die wirksamste, weil glaubwürdigste Werbung. Selbst wenn Sie durch Ihre Generosität nur ein einziges zusätzliches Geschäft an Land ziehen können, kann sich Ihre kulante Haltung für Sie schon in Euro und Cent ausgezahlt haben. Denn ein Entgegenkommen in Kleinigkeiten ist selten teuer. Große Handelsketten können leicht verlängerte Garantie- und Umtauschfristen gewähren. Sie wissen genau, wie wenige Kunden diese Zusatzrechte in Anspruch nehmen. Aber viele schätzen das Angebot und lassen sich zum Kauf verführen.

Meist liegen die Zusatzkosten unter einem Prozent. Aber sie machen den Unterschied zwischen einem guten und einem schlechten Ruf aus. Großzügige Gesten schaffen Vertrauen. Und Vertrauen ist unbezahlbar. Auf Vertrauen sind Sie angewiesen, wenn Sie mal in Schwierigkeiten geraten sollten. Manch ein Geschäftsführer sagt sich: «Ich biete ein Spitzenprodukt an, liefere solide Qualitätsarbeit ab und garantiere meinem Kunden einen hohen Nutzen. Kann er dafür nicht etwas tiefer in die Tasche greifen? Er müsste doch verstehen, wie hart die Krise jeden trifft.»

Doch was nützen diese Überlegungen, wenn der potenzielle Käufer erst gar nicht seinen Laden betritt! Der Kunde müsste sich entschließen, das Produkt zu erwerben und auszuprobieren. Bevor er jedoch sein Portemonnaie zückt, sucht er nach äußeren Zeichen, ob der Verkäufer Vertrauen verdient oder nicht.

Denn nur selten haben wir uns vor einer Kaufentscheidung umfassend informiert. Wir verlassen uns auf die Tipps von Freunden, Auskünfte der Verkäufer, Angaben auf der Verpackung oder aus der Werbung. Wir urteilen aufgrund von unvollständiger Information. Von diesen eher zufällig ausgewählten Bruchstücken schließen wir auf das Ganze. Im Zeitalter der Informationsflut ist es die einzige Möglichkeit, in der Vielfalt nicht die Orientierung zu verlieren.

In der Psychologie heißt diese Vergröberung der Wahrnehmung Halo- oder Nimbus-Effekt. Halo (griechisch «Hof») bezeichnet ursprünglich einen Lichtring um Sonne oder Mond. Er beruht auf einer optischen Täuschung. Das Sonnenlicht bricht sich an den Eiskristallen in der oberen Erdatmosphäre und erzeugt so eine Gloriole, die den Himmelskörper umgibt. Ein Nimbus ist ebenfalls ein Ring aus Licht. Das lateinische Wort bedeutet Heiligenschein. In der bunten Warenwelt ist es heute der Name der Marke, der alle anderen Produktmerkmale mit einem schönen Glanz überstrahlt. Der Markenname bringt die Eltern zur Verzweiflung, wenn ihre Kinder nur Schuhe einer bestimmten teuren Firma tragen wollen. Er lässt Händler fernöstlicher Billigprodukte sich freudig die Hände reiben, wenn sie teure Namen draufkleben und sich so einen Extraprofit sichern.

Hinter dem Markennamen steht das Image. Das Image ist das Bild, das die Firma von sich und ihren Produkten vermittelt. Ideelle Werte spielen beim Image eine größere Rolle als nüchterne Kosten-Nutzen-Rechnungen. Die meisten Dinge kaufen wir nicht (oder nicht nur), weil wir sie unbedingt brauchen, sondern weil wir uns mit ihnen gut fühlen. Das heißt, wir erwerben in erster Linie nicht

- Möbel, sondern Gemütlichkeit,

- Shampoo, sondern Schönheit,
- Autos, sondern Kraft und Erfolg,
- Lotterielose, sondern die Hoffnung, ein Gewinner zu sein,
- Nahrung, sondern Gesundheit und Genuss.

Mit den Gefühlen, die ein Produkt wachruft, stehen und fallen seine Verkaufschancen. Unter allen ideellen Anreizen, zum Kauf zu motivieren, ragt ein Rezept als unfehlbar hervor: Der Anbieter vermittelt Ihnen den Eindruck, Sie würden mehr für Ihr Geld bekommen, als Sie eigentlich erwarten dürften. Er verhalte sich kulant und großzügig.

Die vier Facetten der Generosität

Großzügigkeit hat vier Gesichter - egal, ob Sie Kunden gewinnen oder Ihren Traumpartner beeindrucken wollen. Geld ist nur eine Seite, vielleicht nicht einmal die wichtigste. Könnten Sie Geld sparen, wenn Sie dafür in anderer Hinsicht generös handeln? Teilweise. Ziehen Sie eines der drei anderen, unten genannten Asse aus dem Ärmel, vermeiden Sie aber unbedingt den Eindruck, Sie würden nicht ebenso gern Ihr viertes As - also das Geld - ausspielen. Hier gilt das Prinzip «Ganz oder gar nicht». Entweder Sie verhalten sich in jeder Hinsicht nobel, oder Sie können sich die ganze Mühe sparen. Denn eine selektive Großzügigkeit wirkt halbherzig. Ihre Partner würden sich fragen: Einerseits leutselig, andererseits kleinlich - was ist da los? Vertrauen erwecken nur Charaktere, die wie aus einem Guss wirken. Bei denen wir genau wissen, woran wir sind. Widersprüchliches Verhalten macht misstrauisch. Es veranlasst zur Vorsicht, vor allem, wenn die Gründe für das «Mal so, mal anders» nicht zu erkennen sind. Denn wer weiß schon, welche Seite des Charakters als Nächstes zum Vorschein kommt?

Wenn Sie ein großzügiges Image ausstrahlen wollen, achten Sie auf das Gesamtpaket. Es umfasst außer Geld:

Zusatzleistungen. Wenn Ihr Geschäft gerade nicht so gut läuft, sind Sie wahrscheinlich nicht ausgelastet. Sie haben noch freie Kapazitäten. Warum da herumsitzen und auf neue Aufträge warten? Bieten Sie kleine Zusatzarbeiten an, die den Kunden nichts und Sie nur etwas zusätzliche Mühe kosten. Das ist langfristig besser, als ihn zu einer Extrageldausgabe zu überreden. Der kleine Sofortgewinn aus einer geforderten Zusatzgebühr rächt sich – der Kunde wird sich hinterher ärgern, mehr ausgegeben zu haben, als er wollte. Und lieber nicht mehr zu Ihnen kommen aus Angst, erneut mehr Geld bei Ihnen zu lassen als beabsichtigt. Bieten Sie ihm stattdessen mehr für sein Geld, als er erwarten durfte, und er kommt gern zurück.

Denken Sie nur an Ihren letzten Besuch im chinesischen Restaurant. Wer trinkt schon zu Hause regelmäßig Pflaumenschnaps? Dennoch ist die Vorfreude auf das nächste fernöstliche Abendessen geprägt von dem kleinen Gläschen süßen Alkohols, das nicht auf der Rechnung erscheint und deshalb besser mundet als eine ganze Flasche zu Haus, die Sie selbst bezahlt haben.

Zeit. Die Beliebtheit eines Arztes steigt mit der Zeit, die er sich für seine Patienten nimmt. Da die Kassen ihm eine Untersuchung mit einem teuren Gerät weitaus höher vergüten als ein bloßes Gespräch, nimmt in den Praxen leider die Technik zu und der menschliche Kontakt ab. Umso großzügiger der Arzt, der sich dennoch die Zeit nimmt, sich nach dem Wohlergehen und den Sorgen seiner Kranken zu erkundigen!

Beratung ist das Plus, das die teureren Einzelhandelsgeschäfte in die Waagschale werfen, um neben den Selbstbedienungskaufhäusern zu bestehen. Leider greifen auch sie, um Kosten zu sparen, zunehmend auf ungeschultes, schlecht entlohntes und daher unwilliges Personal zurück, das seinen Frust an den Kunden auslässt. Daher bestehen viele kleine Geschäfte nur so lange, wie ihr Existenzgründerkredit reicht.

In der Fußgängerzone unweit meiner Wohnadresse öffnen in denselben Ladenräumen jedes Jahr neue Geschäfte, halten ein bis anderthalb Jahre lang durch und machen dann Nachfolgern Platz. Wenn ich so einen Laden betrete und frage: «Haben Sie diese Jacke auch in 48?» und die Kaugummi schmatzende Verkäuferin ein patziges «Nur was da hängt» durch ihre verklebten Zähne presst, weiß ich schon: In einem Jahr werden hier wieder andere Waren und andere Verkäufer einziehen.

Eines der wenige Geschäfte, das schon über zehn Jahre besteht, ist eine kleine Musikalienhandlung. Die Auswahl im zwanzig Minuten entfernten Megastore ist wesentlich größer, dennoch gehe ich lieber hierhin. Der Inhaber weiß Anfängern und Profis gute Tipps und interessante Erfahrungen als ehemaliger Musiklehrer zu vermitteln. Seine Stammkunden halten sein Geschäft am Laufen. Denn wer eine Gitarre, ein Keyboard oder eine Blockflöte kauft, braucht später Noten, Notenständer, Saiten, eine Stimmgabel und eines Tages ein besseres Instrument.

Anerkennung. Am meisten verzaubert mein Musikalienhändler seine Kunden aber mit seinen Fragen nach ihren Fortschritten. Natürlich liegt es in seinem Interesse, sie bei der Stange zu halten. Nur wenn sie ihr Instrument nicht ungenutzt in einer Ecke verstauben lassen, werden sie weiter bei ihm einkaufen. Doch jeder Übende weckt seine Begeisterung als ehemaliger Musiklehrer. Schüler für jeden kleinsten Schritt nach vorn zu loben, ist ihm so in Fleisch und Blut übergegangen, dass es ihm nicht schwer fällt, junge und alte Talente zu ermuntern und sich mit ihnen zu freuen.

Genau das Gegenteil erlebte ich in einem Sportgeschäft, als ich wieder einmal neue Laufschuhe brauchte. Die gleiche Konstellation – die Verkäuferin war eine ehemalige Sportlehrerin. Sie empfahl mir einen teuren Schuh mit ausgeprägter Vorderfußdämpfung. «Das ist für mich nicht so wichtig», sagte ich, «ich trete nicht mit dem Ballen, sondern mit der Ferse auf.» Entsetzt hielt sie mir einen langen Vortrag, ich müsse unbedingt meinen Laufstil ändern, in Kürze werde ich meine Knochen ruiniert haben, als langjährige Trainerin von Mittelstreckenläufern wisse sie ...

Das ist zwölf Jahre her. Ich laufe immer noch, komme immer noch mit der Ferse zuerst auf, und meinen Knochen geht es besser denn je. Doch selbst wenn die Warnung der Extrainerin berechtigt gewesen wäre: Warum hat sie nicht zuerst mein sportliches Freizeitverhalten gelobt - und mir dann einen Schuh verkauft, der zu meinem Laufstil passt und seine Nachteile ausgleicht?

10. Halten Sie Ihren Aktionsradius klein

Harald braucht unbedingt einen Kredit von 10000 Euro. Sein Freund Jan kann ihm höchstens mit tausend Euro unter die Arme greifen. Seine Bank sträubt sich. Harald hat keine Sicherheiten zu bieten.

Doch Harald ist nicht auf den Kopf gefallen. Er bittet Jan, ihm die tausend Euro zu überweisen. Kaum ist das Geld eingetroffen, überweist er es Jan zurück. Jan überweist es ihm erneut. Harald schickt es zurück. Immer hin und her. Diese Prozedur wiederholen sie fünfzehnmal, einen Monat lang. Anschließend geht Harald mit seinem Kontoauszug zu seiner Bank und sagt: «Wie Sie sehen, habe ich im vergangenen Monat einen Umsatz von 15000 Euro realisiert. Das ist eine Steigerung gegenüber dem Vormonat von über tausend Prozent. Geben Sie mir einen Kredit, um mein Geschäftsfeld zu erweitern?»

Tanzen Sie nicht auf allen Hochzeiten

Falls Sie selbst in der Kreditabteilung einer Bank arbeiten, werden Sie sagen: «Immer dieselbe Summe und immer vom selben Konto – darauf falle ich nicht herein.»

Zugegeben. Was aber, wenn Harald nicht einen, sondern zwölf Freunde aktiviert? Jeder von ihnen geht zum Rathaus und holt sich einen Gewerbeschein. Das kostet jeden 50 Euro. Der eine als Graphologe (Handschriftendeuter), der zweite als Ernährungsberater, der dritte als Katzenbetreuer für berufstätige Tierfreunde und so weiter. Schon haben sich seine zwölf Freunde in zwölf Firmen verwandelt. Per Zufallsgenerator lässt Harald seinen Computer entscheiden, wer ihm in welcher Reihenfolge die tausend Euro überweist und wer sie ihm zurückschickt, um sie wieder an den ursprünglichen Zahler zu senden. Damit nicht genug, schließt Harald mit Maklern Vorverträge über zu mietende Geschäftsräume ab und führt einen regen Briefwechsel mit Anbietern von Ausrüstungen und Rohmaterialien wegen Preisen und Lieferbedingungen. Von der Stadt lässt er sich Informationsmaterial über Förderprogramme für Existenzgründer zusenden. Mit dem ganzen Papierkram geht er zu seiner Bank und beantragt keine lumpigen 10000 Euro, sondern eine halbe Million. Ein Stapel gefüllter Ordner voll geschäftlicher Aktivitäten hat schon so manchen Finanzier beeindruckt.

Sobald das Geld auf seinem Konto eintrifft, mietet er weder Geschäftsräume, noch kauft er Maschinen. Sondern er verschwindet mit dem ganzen Schotter nach Paraguay oder in ein anderes entferntes Land, das sich dem Zugriff der deutschen Finanzfahnder entzieht. Warum Haralds Freunde da mitspielen? Sie dürfen auf seiner neuen Ranch in Zukunft kostenlos ihren Tropenurlaub verbringen. Werden sie von den Fahndern als Zeugen geladen, spielen sie die gekränkte Unschuld: «Harald hat uns bloß gebeten, ihm kurzfristig tausend Euro zu leihen. Ein anderer Kumpel würde sie uns zurückzahlen. Das Geld kam pünktlich wieder, genau wie versprochen – warum hätte ich da meinem Freund Harald misstrauische Fragen stellen sollen?»

Ein hoher Umsatz übt auf Banker eine unwiderstehliche Faszination aus. Je höher der Umsatz, lautet ihre Faustregel, desto größer die Firma und umso höher die Gewinne, die sie nach einer Anlaufzeit von drei Jahren einfahren sollte. In Zeiten wirtschaftlicher Blüte geht diese Rechnung meistens auf. Der wachsende Konsum zieht die übrigen Kennziffern mit nach oben. Das ändert sich, wenn die Kurve sich abwärts dreht. Steigender Umsatz muss nun mit Verlusten erkauft werden. Wer nach Haralds Vorbild seinen Aktionsradius auf Pump vergrößert hat, wird mit Pauken und Trompeten untergehen. Die Skandale der letzten Jahre - vom Baulöwen Schneider bis zu den zahlreichen Investmentruinen und Treuhandpleiten im Osten - liefern genügend Beispiele. Ein Teil der Investoren ist im Ausland verschwunden und wird immer noch per internationalen Haftbefehl gesucht. Andere fanden sich vor Gericht wieder.

Sieht Haralds Geschäftsmodell in Ihren Augen verführerisch aus? Selbst wenn es Ihnen gelänge, sich rechtzeitig abzusetzen: Die weißen Flecken auf der Weltkarte der Polizei sind klein geworden. Es ist heutzutage schwierig, unrechtmäßig erworbenen Reichtum irgendwo in der Südsee bis ans Lebensende und in Ruhe zu verzehren.

Warum das flinke Wiesel das schwere Mammut überlebte

Karl V., deutscher Kaiser aus dem Hause Habsburg und König von Spanien, verkündete Anfang des 16. Jahrhunderts stolz: «In meinem Reich geht die Sonne nie unter.» War Nacht in Europa, schien die Sonne über Habsburger Kolonien auf den Philippinen und in Südamerika. Eine kurze Freude. Schon sein Sohn Philipp II. konnte das schwerfällige Riesenreich nur noch mit brutaler Gewalt zusammenhalten. Als Erstes brachen die Niederlande nach heftigen Kämpfen aus dem Verbund aus, später schlugen Spanien und Österreich eigene Wege ein, und Anfang des 19. Jahrhunderts gingen Süd- und Mittelamerika verloren. In England hatte längst die Industrialisierung begonnen, da lebten die Reste Habsburgs immer noch im Mittelalter.

Es besteht kein Anlass, über die Fehler mittelalterlicher Fürsten zu lächeln. Auch in jüngster Zeit träumten Politiker immer wieder den Traum von der Weltherrschaft und scheiterten. Selbst moderne Unternehmen werden Opfer ihres Hangs zur Gigantomanie. Von IBM bis zu DaimlerChrysler und vielen Telekommunikationsgesellschaften reichen die Beispiele derer, die sich übernommen haben. Da nicht nur in der Tierwelt die Kleinen regelmäßig von den Großen gefressen werden, sondern auch in der zwischenmenschlichen Konkurrenz, scheint sich nur ein Ausweg zu bieten: selbst groß zu werden. Also den Aktionsradius ausweiten, den Umsatz steigern, sich so viel Aufträge wie möglich unter den Nagel reißen.

In der Tat kann ein wirtschaftlicher Riese mehrere Jahre Verluste überstehen, weil er lange von seinen Reserven zehrt - sprich: von den Gewinnen der Vorjahre. Doch wäre es nicht besser gewesen, die Gewinne ins Trockene zu bringen, statt sie wieder zu verpulvern? Wie gewonnen, so zerronnen - nur weil man nicht zugeben will, dass man sich zu sehr aufgeplustert hat. Nicht mehr Mammutwuchs, sondern Tempo und Wendigkeit sind heute die Trümpfe der Sieger. Wenn die Giganten in Krisenzeiten anfangen, Kapazitäten abzubauen, zeigt das nur, dass sie während der Aufstiegsphase zu viel Fett angesetzt hatten.

Von Pareto bis Parkinson

Hat der Abstieg erst einmal begonnen, ist er kaum noch aufzuhalten. Wann hat ein Aktionsradius den richtigen Umfang? Die Antwort können Sie mit dem Pareto-Prinzip herausfinden. Es leitet sich von dem italienischen Nationalökonom Vilfredo Pareto (1848–1923) her. Er war ein Anhänger der Anwendung mathematischer Methoden auf wirtschaftliche Prozesse. Dabei fand er heraus, dass nicht jeder Arbeitsaufwand den gleichen Nutzen erbringt. Sondern es gilt folgende einfache Formel:

Mit den effektivsten 20 Prozent Ihrer Arbeit erzielen Sie

80 Prozent Ihrer Ergebnisse. Dagegen erzielen Sie mit den übrigen 80 Prozent Ihrer Arbeit nur die restlichen 20 Prozent Nutzen.

Das bedeutet im Einzelnen:

- Mit 20 Prozent Ihrer Arbeitszeit erwirtschaften Sie 80 Prozent Ihres Einkommens.
- Mit 20 Prozent Ihrer Sitzungszeit erreichen Sie 80 Prozent Ihrer Beschlüsse.
- Mit 20 Prozent Ihrer Hausarbeit halten Sie Ihre Wohnung zu 80 Prozent in Ordnung.
- Mit 20 Prozent Ihrer Fachlektüre erhalten Sie 80 Prozent der für Sie nützlichen Informationen.
- Mit 20 Prozent Ihres maximal möglichen Versicherungsschutzes erzielen Sie 80 Prozent Absicherung.
- Mit 20 Prozent Ihrer beruflichen Telefonate treffen Sie 80 Prozent Ihrer Gewinn bringenden Vereinbarungen.
- Mit 20 Prozent Ihrer privaten Telefonate pflegen Sie 80 Prozent Ihrer Freundschaften.

Das Pareto-Prinzip ist ein Mittelwert, der sich spontan herausbildet, wenn Sie Ihre Aufgaben so erledigen, wie sie auf Sie zukommen. Dann ergibt sich eine statistische Normalverteilung:

- Bei 20 Prozent der anfallenden Arbeiten erzielen Sie mit wenig Aufwand einen hohen Nutzen.
- Bei weiteren 60 Prozent müssen Sie mehr Zeit und Energie aufwenden, um das gleiche Resultat zu erbringen.
- Die restlichen 20 Prozent waren vergebliche Liebesmüh. Sie haben sich angestrengt, ohne viel erreicht zu haben.

Die besten Aufgaben des Tages sind in weniger als zwei Stunden erledigt. Der Arbeitstag hat aber durchschnittlich acht Stunden. Um sie zu füllen, ergeben sich zwei Varianten:

1. Sie greifen auf zweit- und drittklassige Aufgaben zurück, oder
2. Sie halten sich an den besten Aufgaben länger fest, wodurch Sie aber weniger effektiv arbeiten.

Die zweite Variante folgt einem Gesetz, das der englische Soziologe C. Northcote Parkinson formulierte: «Arbeit lässt sich - wie Gummi - so weit dehnen, wie Zeit zur Verfügung steht, um sie auszuführen.» Parkinson entdeckte das Gesetz dort, wo es auf Effektivität nicht ankommt: in britischen Verwaltungen. Beamte sind eingestellt auf Lebenszeit. Sie kennen keine Krise. Die einzige Frage, die ihre Existenz berührt, ist das Tempo ihrer Beförderungen und das Pensionsalter. Beide unterliegen einem Automatismus, der sich am Durchschnitt aller Beamten orientiert.

Hat ein Beamter heute zehn Vorgänge zu bearbeiten, nimmt er sich für jeden eine gute Dreiviertelstunde Zeit. Liegen nur drei vor ihm, kann er seine Paragraphen auch gründlicher wälzen, in alten Akten nachschlagen, Präzedenzfälle heraussuchen und sich an jedem Vorgang zweieinhalb Stunden lang festhalten. Aber schauen wir nicht auf die Beamten herab! Überall, wo gearbeitet wird, ja sogar im Privatleben und in der Freizeit gelten Pareto und Parkinson. Einerseits stöhnen wir über die Menge an Terminen und Pflichten, im Job, im Haushalt, bei den Hobbys. Längst warnen Psychologen vor den Folgen des Freizeitstress. Andererseits - wenn Sie in der Rückschau alle Ihre Aktivitäten der letzten Wochen aufzählen - könnten Sie die Hälfte ersatzlos streichen, und Sie würden kaum Einbußen an Geld oder Lebensqualität erfahren.

Wer wollte auch ein straff durchorganisiertes Leben führen, bei dem nichts anderes mehr zählt als die Effektivität? Ein bisschen Trödelei und Schlendrian gehören dazu, um sich wohl zu fühlen. Wer nicht nur Geld, sondern auch Zeit und Energie für eigentlich nutzlose Dinge aufwendet, bewahrt sich einen Hauch von Luxus. Diesen Vorrat an Komfort können Sie in die Waagschale werfen, wenn eine Krise naht.

Das Pareto-Prinzip verrät Ihnen, wo Sie sparen können, wenn Ihr Spielraum kleiner wird. Drehen Sie es einfach um! Verwandeln Sie Ihre effektivsten 20 Prozent in 80 Prozent! Wie? Indem Sie die wenig effektiven 80 Prozent, die nur

20 Prozent Nutzen erbringen, auf 20 Prozent – also ein Viertel der bisherigen Menge – zusammenstreichen. Das Ergebnis sieht dann so aus:

Der Aufwand: Sie leisten die effektiven 20 Prozent plus das beste Viertel der bisherigen ineffektiven 80 Prozent. Das heißt, Sie streichen 60 Prozent Ihrer Aktivitäten, schränken Ihren Aktionsradius krisenbedingt auf insgesamt 40 Prozent ein.

Der Nutzen: Sie erzielen weiterhin die 80 Prozent Nutzen aus den effektiven 20 Prozent Aufwand. Da Sie Ihre übrigen Anstrengungen auf ein Viertel reduziert haben, erzielen Sie damit statt der vorigen 20 Prozent nur noch 5 Prozent Nutzen.

Die Gesamtbilanz: Mit 40 Prozent Ihrer bisherigen Leistung erzielen Sie 85 Prozent Ihres bisherigen Nutzens.

Die meisten Unternehmen müssen in Jahren der Stagnation weitaus größere Einbußen als 15 Prozent hinnehmen. Wenn Sie von sich aus Ihren Aktionsradius nach diesem Modell begrenzen, bleiben Sie Herr der Lage. Versuchen Sie nicht, durch Selbstausbeutung oder überteuerte Leistungen Ihre 100 Prozent aufrechtzuerhalten! Sie würden nicht nur riskieren, in die Verlustzone zu geraten. Wenn sich erst herumspricht, dass Sie jeden Auftrag annehmen – auch zu schlechten Konditionen –, gefährden Sie Ihr Ansehen und damit Ihre Zukunft. Wer die Kunst der freiwilligen Selbstbeschränkung pflegt, über den heißt es: klein, aber fein.

Warum sollten Sie nicht noch einen Schritt weitergehen und auch die letzten 20 Prozent ineffektiver Arbeiten streichen? (Schließlich werden die damit gewonnenen 5 Prozent Nutzen Ihre Bilanz nicht grundlegend verbessern.) Gute Idee – aber nicht praktikabel. Auf langwierige, schlecht bezahlte Aufträge können Sie verzichten. Nicht aber auf Eigenwerbung, Kontaktpflege und die großzügigen Gesten aus dem vorigen Kapitel. Außerdem bleiben immer Aufträge übrig, deren Gewinn Sie nicht von Vornherein korrekt abschätzen können. Egal, wie genau Sie sich im Vorfeld informieren, am Ende werden ein paar Nieten dabei sein. Den meisten Menschen bereitet es deshalb auch eher die größte Mühe, ihre ineffektiven Aufgaben auf ein Viertel zu reduzieren. Und zwar, weil sie es im Alleingang versuchen. In den nächsten Kapiteln erfahren Sie, wie Sie diese Falle vermeiden.

Bleibt eine Frage: Was machen Sie mit den gewonnenen 60 Prozent Zeit? Sie nutzen sie für langfristige Projekte. Statt in schlechten Zeiten jedem Euro hinterherzuhecheln, treten Sie innerlich einen Schritt zurück. Sie bereiten sich in der Krise auf sonnige Zeiten vor. Sie nehmen sich Zeit, um sich neu zu orientieren und eine andere Perspektive zu gewinnen. Wenn Ihre Umgebung Sie nicht ermutigt, sondern enttäuscht, ist es Zeit, Abschied zu nehmen. Gelassenheit und die Gabe, nicht auf jeden überfüllten Zug aufspringen zu wollen, sind dann förderlicher als der Eifer der Übermotivierten. Lassen Sie andere gegen den Abwärtstrend anrennen. Sie sind kein Don Quichotte, der gegen Windmühlenflügel kämpft. Sie steigen erst wieder ein, wenn der Tiefpunkt durchschritten ist.

11.
Schließen Sie Bündnisse

Karin hat ein Problem. Sie ist begabt, klug, fleißig, freundlich und bei allen Kollegen beliebt. Trotzdem tritt sie beruflich auf der Stelle. Ihr fällt es schwer, sich in den Vordergrund zu drängeln. Ihre beste Freundin Tina aus der Nachbarabteilung schimpft: «Dank deines Einsatzes ist euer Projekt überhaupt noch zustande gekommen. Du hast für Karsten und Rolf die Kastanien aus dem Feuer geholt. Wie kannst du es zulassen, dass die zwei sich lauthals vor deinem Chef mit ihren mickrigen Zuarbeiten brüsten, während du den Löwenanteil geleistet hast? Und du schweigst!»

Karin nickt. Wenn einer von denen zum Projektleiter befördert würde – das wäre zu ärgerlich. Trotzdem. Vor versammelter Mannschaft ihre Verdienste aufzuzählen, das bringt sie nicht über ihre Lippen. Doch sie hat eine Idee. Sie spricht mit zwei Kolleginnen, denen die Angeberei von Rolf und Karsten auch nicht gefällt. Bei der Auswertung während der nächsten Besprechung melden sich die Kolleginnen zu Wort und loben Karin. Ohne ihre stille Fleißarbeit im Hintergrund wäre das Projekt längst gestorben. Ihr Chef ist beeindruckt. Jetzt versteht er, warum er Karin so wenig zu sehen bekam. Sie arbeitete still in ihrem Büro, während Rolf und Karsten ständig seine Sekretärin von der Arbeit abhielten.

Gut getauscht ist doppelt gewonnen

Als Karin Projektleiterin geworden war, revanchierte sie sich. Sie verschaffte ihren beiden Kolleginnen interessantere Aufgaben und eine kleine Gehaltsaufbesserung. Rolf und Karsten versuchten zunächst, mit kleinen Störmanövern ihre neue Autorität zu erschüttern. Dank ihrer loyalen Mitarbeiterinnen liefen die Attacken ins Leere.

Hollywood pflegt den Mythos des einsamen Helden, der alle Widrigkeiten im Alleingang überwindet. Doch James Bond ist ein schlechtes Vorbild, wenn es um den Lebenserfolg geht. Selbst Geheimdienstagenten könnten einpacken, wenn im Hintergrund nicht eine reibungslos arbeitende Maschinerie von Mitarbeitern jeden ihrer Schritte absichern würde. Sie liefert Geld, falsche Pässe, Warnungen vor verdeckten Aktionen der Gegner und moralische Unterstützung.

Einzelkämpfer haben nur eine Chance, wenn ein neuer Markt expandiert. Dann werden mehr Talente benötigt, als vorhanden sind. Wer da rechtzeitig in die Lücke springt, kann es im Alleingang weit bringen. Doch sobald der Bedarf gesättigt ist, gerät der Solist in Schwierigkeiten. Sind zwanzig Talente da, obwohl zehn völlig ausreichen, bleiben nur die im Rennen, die über starke Verbündete verfügen.

Stellen Sie sich vor, Sie betreiben zu zweit einen kleinen Friseursalon. Ihre eigenen Haare können Sie sich von ihrer Kollegin waschen und schneiden lassen. Aber Sie brauchen beide auch Gemüse, Brot, Fleisch, Möbel, Schuhe und viele andere Dinge zum Leben. Kaufen Sie die nicht irgendwo, sondern stets in denselben Spezialgeschäften in Ihrer Nähe. Stellen Sie sich den Inhabern vor. Die brauchen ab und zu einen Haarschnitt. Bieten Sie Ihnen einen Rabatt und bevorzugte Bedienung in Ihrem Salon an. Werden Sie gegenseitig Ihre besten Kunden. Wenn jetzt eine Konsumflaute eintritt, werden viele Ihrer üblichen Kunden ausbleiben und sich die Haare lieber kostenlos von Familienangehörigen zurechtschnipseln lassen. Anders die Geschäftsinhaber aus Ihrer Umgebung. Sie kommen weiterhin, denn sie wollen, dass Sie auch zu ihnen kommen. Schließlich plagen sie die gleichen Existenzsorgen wie Sie.

Stammkunden auf der Basis von Gegenseitigkeit sind sichere Stammkunden. Wenn das Geld nicht mehr so locker sitzt, sind Tauschgeschäfte das Mittel der Wahl. Um nichts anderes handelt es sich, wenn Geschäftsinhaber einander wechselseitig in Anspruch nehmen. In der DDR mit ihrer Mangelwirtschaft galt diese Art von Bündnissen als überlebenswichtig. Nur wer über gute Tauschbeziehungen verfügte, kam an alles Lebensnotwendige heran. Auch heute bietet die Kunst, Bündnisse zu schließen, Absicherungen gegen alle Eventualitäten.

Wenn Sie beispielsweise allein ein Kind erziehen und deswegen nur halbtags arbeiten, könnten Sie in der gleichen Zeit noch fünf weitere Kinder beaufsichtigen. Deren Mütter könnten in diesen Stunden nicht nur Geld verdienen, sondern auch auf dem Heimweg ihre Einkäufe und andere Pflichten erledigen. An ihren freien Tagen werden sie ab und zu Ihr Kind betreuen. Wenn Sie nach einigen Jahren wieder in Ihren Beruf einsteigen wollen, werden Ihre Freundinnen Ihnen mit ihren Kontakten zur Seite stehen und Ihnen einen sinnlosen Bewerbungsmarathon ersparen.

Wenn Sie keine eigene Tauschleistung anzubieten haben, können Sie immer noch den Tausch organisieren. Sie bringen Ihr Organisationstalent als Eigenleistung ein. Auf diese Weise ist schon manch clevere Geschäftsidee entstanden, zum Beispiel Mitfahrzentralen oder Tauschringe für Urlaubswohnungen (Leute aus aller Welt stellen einander ihre Wohnung als Urlaubsunterkunft zur Verfügung).

Vom Trennenden zur Gemeinsamkeit

Bündnisse sind die Antwort auf die offene Frage des vorigen Kapitels: Wie schaffen Sie sich undankbare Aufgaben vom Hals? Durch Arbeitsteilung. Entweder springt jemand für Sie in die Bresche, weil er für diese Arbeit begabt ist und sie effektiver erledigt als Sie. Als Gegenleistung nehmen Sie ihm etwas ab, was Sie besser können. Oder Sie teilen mehrere Aufgaben unter mehreren Personen auf. Erinnern Sie sich an Anke von Seite 67, die für Ihre Kollegen das Anfertigen der Sachwortverzeichnisse übernahm. Dafür konnte sie einen Teil ihrer übrigen Schreibarbeiten abgeben. Die Aufteilung gelingt am besten, wenn am Ende jeder das Feld seiner persönlichen Kernkompetenz beackert.

Kollegen als Verbündete zu gewinnen, ist nahe liegend. Nicht umsonst nennt man sie «Mit»-Arbeiter. Doch wenn Sie nun allein stehen auf weiter Flur? Sollten Sie niemanden kennen, bauen Sie sich zunächst ein Netzwerk an Kontakten auf. (Wie Sie das schaffen, erfahren Sie im nächsten Kapitel.) Kennen Sie schon viele Leute, ziehen aber nicht gemeinsam an einem Strang, gilt das Prinzip: Behandeln Sie jeden, als ob er schon Ihr Verbündeter wäre.

Das klingt simpel. Wie groß die Hürde ist, können Sie an Ehepaaren beobachten, die stundenlang aneinander herumnörgeln. Was sie einst verband und zur Heirat veranlasste, haben sie längst vergessen. Dafür hacken sie auf jeder kleinsten Meinungsverschiedenheit herum. Er mag sein Ei halb roh, sie ihres lieber hart gekocht. Er drückt die Zahnpastatube platt, sie rollt sie von hinten nach vorn auf. Er macht mittags ein Nickerchen, sie schimpft, dass er sich dann nachts stundenlang schlaflos im Bett wälzt. Zu jedem dieser Unterschiede haben die beiden auch noch gegensätzliche Begründungen parat: Hart gekochte Eier vernichten alle Vitamine, weiche Eier lassen Salmonellen überleben. Platt ausgedrückte Tuben lassen zu viel Inhalt drin, aufgerollte Tuben platzen öfter mal an den Rändern auf. Mittagsschlaf ist gesund – aber nicht, wenn der Nachtschlaf darunter leidet.

Eheberater empfehlen Problempaaren daher, sich auf ihre Gemeinsamkeiten zu besinnen. Auch zu anderen Mitmenschen bemerken wir Differenzen sofort. Sie lösen Streitereien aus. Die Gemeinsamkeiten, ohne die wir uns gar nicht unterhalten könnten, nehmen wir als selbstverständlich hin. Dass unser Gehirn vor allem auf Unterschiede achtet, hat einen guten Grund. Schwierigkeiten verlangen nach Lösungen, Übereinstimmungen nicht. Um Dinge, in denen wir uns einig sind, brauchen wir uns nicht zu kümmern. Unser inneres Alarmsystem reagiert nur bei Differenzen. Wir benötigen daher bewusste Aufmerksamkeit, um Verbindendes wahrzunehmen.

Gemeinsamkeiten gibt es auch dort, wo erhebliche Gegensätze bestehen. Zählen Sie einmal auf, was Sie mit den Menschen, die Sie gut kennen, verbindet. Und was Ihre Bekannten untereinander gemeinsam haben. Besonders aufschlussreich sind Übereinstimmungen zwischen Leuten, die einander nicht mögen. Sich trennende Eltern kämpfen um das Sorgerecht? Das Wohl ihres Kindes ist ihr gemeinsames Interesse. Zwei Angestellte gieren nach demselben lukrativen Posten? Ihre identischen Ziele verraten ähnliche Vorlieben für Karriere, Erfolg und Macht. Zwei Ehepartner haben sich auseinander gelebt. Sie verbringen ihre Freizeit getrennt. Er ist Marathonläufer, sie reitet. Dennoch: Beide lieben Sport, bewegen sich gern in der Natur und wollen fit bleiben.

Fällt Ihnen keine Gemeinsamkeit ein – zum Beispiel, weil Sie Ihr Gegenüber nicht gut kennen –, können Sie auf zehn Motive zurückgreifen, die alle Menschen miteinander teilen. Bei den meisten stehen zwei oder drei davon im Vordergrund. Fragen Sie Ihren Gesprächspartner nach seinen Interessen und warum er sich dafür begeistert, und Sie erfahren, mit welchem der folgenden Motive Sie ihn als Verbündeten gewinnen können:

1. **Macht und Anerkennung.** Winken Sie mit Lob, Führungspositionen und sichtbarem Erfolg für eine gemeinsam erbrachte Leistung.

2. **Unabhängigkeit und Freiheit.** Gründen Sie gemeinsam eine kleine Firma oder geben Sie Starthilfe bei einem Wechsel in die Selbständigkeit. Am Ende einer erfolgreichen Zu-

sammenarbeit können Sie beide Ihren Handlungsspielraum und Ihre Selbstbestimmung erweitern.

3. Wissen. Haben Sie Zugang zu Insiderkenntnissen? Tauschen Sie Klatsch oder ernsthafte Hintergrundinformation, an die nicht jeder herankommt. Wer möchte nicht gern zu einem kleinen Kreis Eingeweihter gehören?

4. Sicherheit. Zeigen Sie sich als verlässlicher Partner. Sollte einer von Ihnen scheitern, geben Sie einander Unterstützung.

5. Beziehungen. Wer Ihrem Netzwerk beitritt, kann interessante Kontakte erlangen, die ihn weiter voranbringen.

6. Familie und Partnerschaft. Bieten Sie Singles an, auf Ihren Partys interessante Männer oder Frauen kennen zu lernen, und Verheirateten, als Babysitter einzuspringen oder in den Ferien Haustiere zu betreuen, Blumen zu gießen und die Post aus dem Briefkasten zu nehmen. Wer in einer Partnerschaftskrise steckt, findet bei Ihnen Trost und Ablenkung

7. Leidenschaft und Abenteuer. Verbündete für Sport, Reisen und Grenzerfahrungen geben einander Anregungen für neue Abenteuer, tauschen Erfahrungen aus und warnen einander vor versteckten Risiken.

8. Wettbewerb. Stacheln Sie einander an. Motivieren Sie sich, indem Sie spielerisch versuchen, einander zu übertrumpfen. Und verbünden Sie sich, um gemeinsam stärker zu sein als andere.

9. Ruhe. Viele arbeiten hart, weil sie hoffen, eines Tages nicht mehr arbeiten zu müssen. Sogar träge Naturen sind bereit, sich aufzuraffen, wenn sie die Chance auf ein friedlicheres Dasein erblicken, jenseits von Alltagsstress und -hektik. Verbünden Sie sich, weil Sie zusammen nur halb so hart arbeiten müssen und einander von Pflichten entlasten können, zu denen der andere sich besonders ungern aufrafft.

10. Ideale. Wer mit Ihnen für gemeinsame Werte eintreten kann, wird Sie schnell sympathisch finden. Gerechtigkeit, Fairness, Ordnung, Stabilität und Frieden haben schon oft

Tausende von Fremden zu Partnern einer gemeinsamen Sache gemacht.

Wie Sie Bündnispartner gewinnen

Verbündete müssen keine Freunde sein. Selbst wenn Sie beide zu 99 Prozent gegensätzlich denken – das eine Prozent Übereinstimmung reicht, um für kurze Zeit ein Zweckbündnis einzugehen. Reiten Sie nicht auf den Differenzen herum. Sie mögen noch so sehr im Recht sein. Schon seiner Selbstachtung zuliebe wird der andere nicht von seinen Ansichten abgehen. Verzichten Sie in einem Zweckbündnis darauf, Behauptungen zu widerlegen, Dinge richtig zu stellen oder darüber zu streiten, wer Recht hat. Halten Sie sich an das wenige, in dem sie einer Meinung sind. Bauen Sie allein damit Ihre Beziehung auf. Dann gewinnen Sie bislang Gleichgültige und selbst Gegner als Verbündete.

Bringen Sie Übereinstimmungen zur Sprache. Von Gemeinsamkeiten zu wissen, genügt nicht. Sagen Sie laut: «In dieser Sache denke ich wie Sie.» Fragen Sie: «Wo sehen Sie zwischen uns Gemeinsamkeiten?» Damit bringen Sie selbst unwillige Gegner dazu, die Perspektive zu wechseln, also auf das Verbindende statt auf Trennendes zu schauen: Jetzt brauchen Sie nur noch zu fragen: «Können wir in dieser Sache nicht zusammenarbeiten?»

Bauen Sie eine Ja-Straße auf. Unser Gehirn ist empfänglich für Gewohnheiten. Wer drei Fragen hintereinander mit «Ja» beantwortet hat, dem fällt es sichtlich schwer, bei der vierten auf «Nein» umzuschalten. Kinder lieben es, einander mit Ja-Straßen hereinzulegen, etwa so:

«Heißt du Karoline?»

«Ja.»

«Bist du ein Mädchen?»

«Ja.»

«Gehst du in die vierte Klasse?»
«Ja.»
«Möchtest du mich knutschen?»
«Ja ... äh, was? Nein!»

Kommen wir auf das Beispiel von Seite 119 zurück und nehmen wir an, Sie sind als Mutter auf der Suche nach anderen Müttern, die sich für eine gemeinsame Kinderbetreuung interessieren. Dann bauen Sie folgende Ja-Straße auf:

«Haben Sie sich auch schon geärgert, dass es keine preiswerte Betreuung für kleine Kinder bei uns gibt?»

«Finden Sie nicht, wir Mütter sollten es etwas leichter haben?»

«Wären Sie froh, wenn sich um Ihre Kleine wenigstens ein paar Stunden am Tag jemand kümmern könnte?»

«Könnten Sie nicht auch mehr Unterstützung gebrauchen?»

Und erst wenn Sie viermal «Ja» gehört haben, rücken Sie mit Ihrem Vorschlag heraus:

«Wenn eine von uns ein paar Stunden lang alle Kinder zugleich beaufsichtigen würde ... würden Sie da mitmachen?»

Schlagen Sie gemeinsames Handeln vor. Wenn Sie bereit sind, die Kinder von fünf Müttern zu betreuen – wären Sie auch bereit, Ihr Kind einer fremden Mutter zu überlassen? Falls Sie zögern: Den anderen geht es genauso. Vertrauen bildet sich nicht auf einen Schlag. Unternehmen Sie folgende vertrauensbildenden Maßnahmen:

SCHNUPPERTREFFEN. Um bei unserem Beispiel zu bleiben: Laden Sie alle Mütter mit ihren Kindern ein. Schauen Sie, wie die Kinder sich anfreunden. Sprechen Sie miteinander über Ihre Erziehungsmaximen und die Besonderheiten Ihrer Kinder. Besprechen Sie, wie Sie bei Notfällen und unvorhergesehenem Verhalten der Kinder reagieren werden. Tauschen Sie Ihre Handynummern aus.

PROBENACHMITTAG. Lassen Sie die Kinder ein, zwei Stunden miteinander spielen. Die Mütter sind anwesend, halten sich aber im Hindergrund oder im Nebenzimmer auf. Jede Erwachsene sollte auch mal für einige Zeit die Wohnung verlassen und sich überzeugen, dass es ihrem Kind immer noch gut geht, wenn sie zurückkommt.

EINSTIEGSTAGE. Beaufsichtigen Sie die Kinder in den ersten Wochen zu zweit, wobei immer mal eine andere Mutter die Rolle der Zweiterzieherin übernimmt. Auch später sollte jede Mutter an einem freien Tag Gelegenheit haben, dazuzukommen und mitzuspielen. Allerdings nicht zu oft. Die Kinder müssen begreifen, dass nicht jeden Tag alle Mütter da sein können.

12.
Pflegen und erweitern Sie Ihr Netzwerk

Der Name des Sozialpsychologen Stanley Milgram von der Harvard-Universität in Cambridge, Massachusetts, ist untrennbar mit einem berüchtigten Experiment verbunden. Er setzte Freiwillige als Versuchsleiter ein. In dieser Funktion sollten sie Fremden hinter einer Trennwand Stromstöße versetzen, wenn diese falsche Antworten gaben. Was die «Versuchsleiter» nicht wussten: Die Stromstöße waren nicht echt, und hinter der Wand saßen Schauspieler, die Schmerzensschreie vorspielten. Zum Erschrecken vieler Weltverbesserer verteilten mehr als die Hälfte der «Versuchsleiter» auch nach heftigem Schreien weiter Stromstöße, wenn Milgram befahl, sie sollen weitermachen, er übernehme die Verantwortung.

Kaum jemand erinnert sich, dass Milgram noch andere interessante Experimente durchführte. 1967 drückte er zufällig ausgesuchten Personen in Omaha in Nebraska im Mittleren Westen der USA Briefe in die Hand, die an einen Empfänger in Massachusetts an der Ostküste adressiert waren. Die Briefe sollten nicht direkt auf dem üblichen Postwege, sondern über Freunde weitergegeben werden. Zur Überraschung der Forscher genügten in der Regel sechs Stationen, damit der Brief seinen Adressaten erreichte. Obwohl der Absender in Nebraska schon das übernächste Glied in der Kette nicht mehr persönlich kannte. Die beste Strategie war es, den Brief an einen Freund weiterzugeben, der dem Zielort am nächsten wohnte.

2002 hat der Soziologe Duncan Watts von der New Yorker Columbia-Universität das Experiment in abgewandelter Form wiederholt. Wenn Sie Kontakt mit Bill Clinton aufnehmen wollten: Wie viele Zwischenstationen müssten Sie durchlaufen? Anders gefragt: Wenn Sie einem Freund von Ihrem Vorhaben erzählen, der wieder einen seiner Bekannten informiert, der seinerseits in seinem Bekanntenkreis von Ihrem Interesse erzählt – wie viele Knotenpunkte brauchten Sie, um jemanden zu finden, der Bill Clinton kennt? Wieder lautete die Antwort: Sechs. Über sechs Ecken ist alle Welt zu einem einzigen großen Netzwerk an Beziehungen verbunden.

Sie würden zuerst überlegen: Welcher meiner Freunde hat Bekannte in den USA? Der wiederum fragt seinen US-Kontakt, ob er jemanden kennt, der in der Demokratischen Partei aktiv ist. Dieser Aktivist kennt sicher einen hohen Funktionär der Partei. Wenn der wiederum jemanden aus Clintons früherem Beraterstab kennt, sind Sie schon fast am Ziel, nach nur vier Stationen.

Zwar genügen sechs Etappen, um an jede beliebige Person heranzutreten. Werden Ihre Bekannten aber auch mitspielen und für Sie ihre eigenen Beziehungen aktivieren? Über sechs Ecken ist jeder erreichbar, aber die wenigsten nutzen ihre Chance. Nach einer Studie im Auftrag von IBM entscheidet die Leistung nur zu zehn Prozent über die Karriere. 90 Prozent machen Bekanntheitsgrad und Image aus. Also die Frage, wie viele entscheidende Leute von Ihnen als tüchtiger Fachkraft mit Führungstalent wissen. Laut einer Studie des Instituts für Arbeitsmarktforschung werden nur 35 Prozent aller frei werdenden Stellen öffentlich ausgeschrieben, bei Akademikern noch weniger. Rund zwei Drittel aller Arbeitnehmer sind also über private Kontakte an ihre Stelle gelangt, meist über «jemanden, der jemanden kennt». Ohne

Vitamin B – die richtigen Beziehungen an den entscheidenden Schaltstellen – gehen selbst die größten Talente unter. Da in fast allen Geschäftsbereichen ein Überangebot an tüchtigen Leuten herrscht, hören die meisten Personalchefs auf Tipps von guten Bekannten ihrer Branche, statt sich bei vergleichbaren Bewerbungsunterlagen für einen Fremden zu entscheiden. Bei den Führungspositionen werden in Deutschland sogar 70 Prozent über das persönliche Beziehungsgeflecht vergeben. Die offizielle Stellenausschreibung ist dann nur noch eine Formsache, nachdem hinter den Kulissen längst entschieden ist: «Wir nehmen den empfohlenen Absolventen von unserem Partnerinstitut.»

Wer eine Blitzkarriere hinlegt, ist mehr als nur ein junges Genie. Er hat schon während der Ausbildung angefangen, ein Netzwerk guter Beziehungen aufzubauen und auszunützen. Der Deutsche Markus Giesler zum Beispiel erhielt mit 27 Jahren eine Dauerprofessur an der renommierten York University im kanadischen Toronto. Wie er das geschafft hat? Sein Erfolg setzte sich aus drei Komponenten zusammen:

1. Er studierte nicht irgendwo, sondern gleich in Chicago an der Kellogg School of Management.
2. Er spezialisierte sich auf die Erforschung der User von Internetmusikbörsen wie Kazaa oder Napster – ein Gebiet, das auf großes Interesse bei der Wirtschaft stößt, denn es geht um Milliardeneinnahmen, die den Konzernen durch Raubkopien verloren gehen.
3. Er wandte sich schon als Student per E-Mail an Professoren, die über die richtigen Netzwerke verfügten. Es entspann sich ein reger Internetbriefwechsel. Seine Mentoren förderten seine Doktorarbeit, vermittelten ihm Kontakte und öffneten Türen für seine Karriere.

Seine Doktorarbeit war noch nicht ganz beendet, da hatte er schon ausgesorgt. 2004 wurde Markus Giesler der jüngste Marketingprofessor Amerikas. Er befragte in seinen Studien über Konsumentenverhalten weltweit mehr als 900 Surfer und nahm selbst an den Tauschbörsen teil. Für seine Arbeiten interessierten sich nach kurzer Zeit bereits Unternehmen wie Microsoft, Bertelsmann, Sony und Coca-Cola.

Wie Sie ein Netzwerk aufbauen

Netzwerke sind keine neue Erfindung. Früher hießen sie nur anders. Zahlreiche Künstler fanden ihren Weg in die Öffentlichkeit, indem sie sich verbündeten. Die Geschichte kennt eine Reihe berühmter «Kreise» von Gleichgesinnten, die bestimmend für eine ganze Epoche wurden. Dazu gehörten die impressionistischen Maler in Frankreich, die Sezessionisten in München, Wien und Berlin kurz vor der Wende zum 20. Jahrhundert, der Schriftstellerkreis um Gertrude Stein im Paris der zwanziger Jahre (Hemingway, John Dos Passos, der Maler Picasso und andere), die Dadaisten, die Surrealisten, die Existentialisten in Paris nach 1945 oder die Gruppe 47 (zu ihr gehörten beispielsweise Heinrich Böll, Günter Grass und Ingeborg Bachmann) im Nachkriegsdeutschland. Von wegen eigenbrötlerische Individualisten! Auch in der neueren Physik und in der Genetik gab es solche Bündnisse. Gemeinsam ist diesen Kreisen, dass sie sich gegen offizielle Strömungen als Gruppe erfolgreich zur Wehr setzten. Nur gemeinsam konnten sie über das Establishment einen Sieg erringen.

Manche vergeben ihre Chancen, weil sie denken, es sei ehrenrührig, Freunde für eigennützige Ziele einzuspannen. Wenn ein Freund Sie um Unterstützung bäte – wären Sie nicht froh und stolz, ihm helfen zu können? Fragen Sie sich: «Bin ich es wert, gefördert zu werden? Bin ich fähig, die höhere Position auszufüllen?» Auf welche Weise Sie auch nach oben gelangen: Sie werden beweisen müssen, dass Sie zu der erwarteten Leistung auch fähig sind.

Netzwerke bilden ein Gegengewicht zu den starren Hierarchien in Behörden und Firmen. In ihnen zählt der menschliche Faktor mehr als Status und Titel. Pflegen Sie Ihre Beziehungen vorausschauend. Wer sich seiner alten Kontakte erst erinnert, wenn er sie dringend braucht, wird wahrscheinlich einen Korb bekommen. Wenn sich nach über zehn Jahren eine alte Schulkameradin bei Ihnen meldet und sagt: «Könntest du mal vier Wochen in unserem Haus nach dem Rechten sehen?», wären Sie auch nicht gerade begeistert, oder? Wie viele Ablehnungen bei ihren nahen Freunden muss sie sich schon eingehandelt haben, dass sie jetzt bei Ihnen anklingelt! Nur wer seine Bekanntschaften um ihrer selbst willen am Leben erhält, findet im Krisenfall auf Anhieb ein halbes Dutzend Freunde, die ihm Hilfe anbieten. Von Gelegenheitskontakten zu systematischer Beziehungspflege führen diese Schritte:

Alte Kontakte reaktivieren. Durchforsten Sie Ihre Erinnerungen und alten Adressbücher nach so vielen Leuten wie möglich, die Sie mal gekannt haben, von der Kindergartenliebe über Klassenkameraden bis zu entfernten Verwandten und flüchtigen beruflichen Kontakten. Gerade die entfernten Bekannten sind wichtig! Manch einer tröstet sich: «Ich habe zwar nur wenige, dafür aber enge Freunde.» Die Mehrzahl der entscheidenden Kontakte, zum Beispiel für den Traumjob, stammt aber nicht von nahen Freunden, wie eine amerikanische Befragung ergab, sondern zu über 80 Prozent aus dem entfernteren Bekanntenkreis. Fertigen Sie deshalb eine möglichst umfangreiche Liste an. Versuchen Sie die aktuellen Adressen und Telefonnummern herauszufinden. Nutzen Sie dafür das Internet und fragen Sie bei gemeinsamen Bekannten nach. Schreiben Sie alles auf, was Sie über diese Leute noch wissen und neu in Erfahrung bringen, von persönlichen Angaben bis zu Erinnerungen an gemeinsame Erlebnisse.

Rufen Sie an. Sagen Sie: «Ich habe mich gerade an unser

gemeinsames Erlebnis erinnert, damals, als ... Ich habe mich gefragt, was du wohl heute machst.» Die meisten Leute freuen sich, wenn man sich ihrer erinnert. (Ausnahme: peinliche Liebesaffären.) Plauschen Sie ein paar Minuten und vereinbaren Sie, demnächst etwas ausführlicher zu reden.

Informationen aufschreiben. Verlassen Sie sich nicht auf Ihr Gedächtnis. Halten Sie alles, was Sie erfahren haben, schriftlich fest. Eine Äußerung Ihres Bekannten mag Sie noch so sehr beeindruckt haben – nach drei Tagen überlagern neue Eindrücke die Erinnerung. Führen Sie über jede Ihrer Kontaktpersonen eine Datei oder eine Karteikarte. Schauen Sie dort nach, bevor Sie das nächste Mal den Kontakt aufnehmen. Nutzen Sie diese Informationen, um zu Jahrestagen Glückwünsche auszusprechen oder im nächsten Gespräch ein «Du interessierst dich doch für ...» einzustreuen. Wer ist nicht beeindruckt, wenn sich der Gesprächspartner etwas gemerkt hat, von dem er selbst kaum noch weiß, dass er es je gesagt hat! Aufmerksamkeit schmeichelt jedem.

Zweiter Anruf und Verabredung. Selbst wenn Ihr Bekannter versprochen hat, als Erster anzurufen: Rechnen Sie nicht damit, dass er sein Versprechen hält. Vielleicht gehört er auch zu denen, die in der Alltagshektik ihre Beziehungspflege vernachlässigen. Nehmen Sie ihm die Sorge ab! Lassen Sie ein paar zusätzliche Tage verstreichen und melden Sie sich selbst. Freut sich Ihr Gegenüber? Oder fühlt er sich gestört? Im zweiten Fall streichen Sie ihn von Ihrer Liste. Im ersten Fall sagen Sie, wie sehr Ihnen Ihr letztes Gespräch gefiel. Erinnern Sie an ein paar Einzelheiten und schlagen Sie vor, sich zu treffen. Machen Sie dafür einen konkreten Vorschlag.

Allein auf diesem Wege können Sie schnell zu einem umfangreichen Bekanntenkreis gelangen. Beziehungspflege kostet Zeit - ein wichtiger Grund, warum so mancher den Aufwand scheut und ihm dann im Ernstfall die nötigen Kontakte fehlen. Das Netzwerk am Leben zu erhalten, kann zu einem Full-Time-Job ausarten. Mit etwas Systematik lässt sich der Aufwand jedoch klein halten:

Rufen Sie jeden Tag zwei bis drei Leute aus Ihrem Netzwerk an. Oder senden Sie eine E-Mail oder eine SMS. Auch wenn Sie keinen konkreten Anlass haben, sich zu melden. Fast jeder freut sich über unerwartete Anrufe und Briefe, die zeigen, dass ein flüchtiger Bekannter ihn nicht vergessen hat. Wenn Sie Neuigkeiten erfahren - der eine ist befördert, der andere zum dritten Mal Vater geworden -, formulieren Sie einen Glückwunsch. Solche kleinen Gesten rücken Sie mit der Zeit in der Werteskala Ihrer Bekannten nach oben.

Mit der Methode «Mäßig, aber regelmäßig» werden Sie mit jedem ungefähr einmal im Monat in Kontakt treten. Wichtig ist hier das Wörtchen «ungefähr». Fatal wäre es, wenn Ihre Bekannten nach einiger Zeit merken, dass Sie sich immer am selben Tag melden. Etwa: «Heute ist wieder der achte, bestimmt ruft sie/er gleich an.» Raum für Spontaneität und Überraschungseffekte sollte trotz aller Systematik bleiben. Denn ein Hauch von Unbestimmtheit beugt Langeweile vor und hält das Interesse wach. Mit diesem Vorgehen bleiben Sie dem andern im Gedächtnis, auch wenn Sie sich selten treffen.

Geben Sie einmal im Jahr eine Netzwerk-Party. Für Ihre eher flüchtigen Bekanntschaften reicht es aus, wenn Sie die Leute ein- bis zweimal im Jahr wiedersehen. Am einfachsten treffen Sie alle, wenn Sie zu einem Sommerfest, einem Adventskaffee oder einer Geburtstagsfeier einladen. Meiden Sie Silvester, da nehmen sich zu viele Leute etwas Eigenes vor. Wenn Sie selbst keine große Wohnung oder einen Garten haben, tun Sie sich mit nahen Freunden zusammen. Das bietet den Vorteil, dass Sie Ihre Netzwerke zusammenführen und auf einen Schlag vergrößern können. Die meisten Ihrer Gäste werden sich mit Gegeneinladungen revanchieren – bei diesen Gelegenheiten treffen Sie sie ein zweites Mal im Jahr und lernen deren Netzwerke kennen. Persönliche Treffen unter vier Augen reservieren Sie für enge Bekannte und gute Kunden. Das sind auch bei Kommunikationsprofis selten mehr als zwanzig Personen.

Seien Sie kreativ anders. Legen Sie sich bei der Beziehungspflege einige originelle Gewohnheiten zu, die Sie aus der Masse herausheben. Ein Beispiel: Die meisten Leute verschicken Weihnachtsglückwünsche. Vergessen Sie Weihnachten. Senden Sie lieber einen Gruß zum Jahresanfang, in dem Sie einen kurzen Rückblick auf gemeinsame Gespräche (und eventuell Unternehmungen) des letzten Jahres sowie einen Ausblick auf das neue Jahr geben. Ihr Vorteil: Statt in der Masse der Weihnachtsgratulanten unterzugehen, senden Sie die einzige Karte zum Jahresanfang.

Hören Sie aktiv zu. Wenn Sie sich mit einer Person Ihres Netzwerkes unterhalten, hören Sie mehr zu, als selbst zu reden. Stellen Sie Fragen nach Berufserfahrungen und Bekannten. Welche davon könnten für Sie mal wichtig werden? Nach dem Gespräch gleich aufschreiben! Im Ernstfall wissen Sie dann, wen Sie um Hilfe bitten können. Scheuen Sie sich nicht nachzuhaken: «Das klingt spannend, was du über deine Kunden erzählst. Sag mal, beschäftigen die sich auch mit …?» Wenn Sie nicht gerade als Konkurrent auftreten, wird Ihr Gegenüber Ihre Fragen gern beantworten. Ein Netzwerk festigt sich, wenn seine Mitglieder untereinander Beziehungen aufnehmen.

Bevorzugen Sie Begegnungen am Rande. Nehmen Sie pünktlich jede Besprechung wahr, meiden aber Betriebsfeste oder den Kollegentratsch in der Kantine? Machen Sie es lieber umgekehrt. Nutzen Sie jede Gelegenheit für inoffizielle, informelle Kontakte. Die wirklich wichtigen Informationen machen zuerst dort ihre Runde. Und manche Leute lernen Sie auf dem Dienstweg nie kennen. Aber Sie können sie im Fahrstuhl oder in der Cafeteria treffen. Inoffizielle Treffen, deren Teilnahme freiwillig ist, ermöglichen Ihnen das entscheidende Gespräch nebenbei. Gehen Sie hin, stellen Sie sich vor und fragen Sie, was Sie diese Person schon immer mal fragen wollten. Auch hier ist Zuhören ergiebiger, als selbst viel zu reden.

Bevorzugen Sie neue Kontakte. Wenn Sie eine Party besuchen, reden Sie mit den Leuten, die Sie sowieso schon kennen, nur kurz. Halten Sie Ausschau nach Fremden. Stellen Sie sich vor oder bitten Sie die Gastgeber, Sie vorzustellen. Unterhalten Sie sich ein paar Minuten. Wenn Sie nicht wissen, wie Sie einen Smalltalk in Gang bringen und am Leben erhalten sollen - diese Kunst ist leicht zu erlernen (siehe Literaturverzeichnis). Wenn die Hoffnung erwacht, hieraus könnte sich eine lohnende Bekanntschaft ergeben, tauschen Sie Visitenkarten oder wenigstens Handynummern aus. Melden Sie sich nach einigen Tagen, erinnern Sie an den Abend und sagen Sie: «Damals sagten Sie ... Das hat mich interessiert. Ich wüsste gern, was ...»

Eine Bekanntschaft ist es wert, Teil Ihres Netzwerkes zu werden, wenn Sie eine von drei Kriterien erfüllt:

1. Sie entdecken gemeinsame Interessen und Ansichten. Aus Ihnen könnten daher gute Freunde werden.
2. Der Fremde verfügt über nützliche Fähigkeiten. Nicht nur professioneller Art wie Ärzte und Rechtsanwälte. Wer beim ersten Kontakt nur darüber redet, wie er an seinem Computer bastelt, mag auf Sie öde wirken. Nach Ihrem nächsten Systemabsturz werden Sie aber froh sein, seine Telefonnummer notiert zu haben. Bei ihm geraten Sie nicht in eine teure Warteschleife wie bei einer kommerziellen Notfallhotline.

3. Die Person wirkt wie ein oberflächlicher Partygänger, verfügt aber über hervorragende Kontakte. Über sie kommen Sie an wichtige Personen heran. Einfachster Trick: Sie laden den Partyfreak zu Ihrer nächsten Party ein. Wenn er sich mit einer Gegeneinladung revanchiert, werden Sie alle seine Kontakte treffen.

13.
Delegieren Sie Aufgaben, aber nicht das Oberkommando

Ronald Reagan galt als Genie des Delegierens. Der US-Präsident der Jahre 1981 bis 1989 überließ die Innen- und Außenpolitik seinen Beratern, während er sich ganz auf das konzentrierte, was er als ehemaliger Schauspieler am besten konnte: Auftritte. Der einstige Westernheld hielt nun patriotische Reden, in denen er die Größe Amerikas und seine Mission im Kampf gegen das Reich des Bösen beschwor, das damals noch die Sowjetunion war.

Der Spitzenmanager Lee Iacocca, der zu jener Zeit enge Kontakte zur US-Regierung unterhielt, kratzte an der Legende. Wenn Reagan einen so perfekten Arbeitsstil pflegte, wie konnte es dann zur Iran-Kontra-Affäre kommen, in deren Folge der stellvertretende Sicherheitsberater Oliver North seinen Hut nehmen musste? Ohne Wissen und Billigung des Kongresses gingen Erlöse aus Waffenverkäufen an den Iran direkt an die rechten Rebellen in Nicaragua. Und das war nicht die einzige Panne. Laut Iacocca gab Reagan zwar die Aufgaben an seine Berater weiter, kümmerte sich dann aber nicht mehr darum, was sie in seinem Namen anstellten. Als die Pannen überhand nahmen, wollte Reagan mit einem berühmt gewordenen Nichtbekenntnis die Situation bereinigen. In seiner Formulierung «Mistakes were made» («Es wurden Fehler gemacht») tat er so, als hätte es keine Verursacher gegeben.

Wer leitet, wird zum Leiter

Wenn Sie Kummer haben: Was ist die beste Erste-Hilfe-Maßnahme gegen das Stimmungstief? Egal, ob Sie Mann oder Frau sind: Suchen Sie sich eine gute Freundin – keinen Freund – und reden Sie sich Ihre Sorgen von der Seele. Frauen fällt es leichter, nur zuzuhören und Verständnis zu zeigen. Männer neigen dazu, gleich Ratschläge zur Abhilfe zu erteilen. Doch wer will, wenn er traurig ist, als Erstes hören, dass er an seinem Kummer selbst schuld hat, weil er nicht die tollen Tipps seines Kumpels befolgte?

Seinen Kummer bei einer verständnisvollen Seele loszuwerden, ist die einfachste Form des Delegierens. Eine Person, der es im Moment besser geht als Ihnen, nimmt Ihnen einen Teil Ihrer Last ab. Scheinbar ist Delegieren die einfachste Sache der Welt. Sie beschränken sich auf das, worin Sie Spitze sind, und das Übrige überlassen Sie anderen. Warum sind wahre Könner auf diesem Gebiet dann so selten? Delegieren ist eine hochbezahlte Tätigkeit. Wer sie beherrscht, ist für eine Position im Spitzenmanagement qualifiziert. Die Fähigkeit, Spezialisten zu finden, zu motivieren und zu koordinieren, ist für eine Führungskraft wichtiger als Fachkenntnisse. Aber Studien über das Management bestätigen immer wieder, dass nur eine Minderheit derer, die an die Spitze der Hierarchien gelangen, diese Kunst beherrschen. Viel verbreiteter sind die Einzelkämpfer, die verlangen, dass jeder Vorgang über ihren Schreibtisch geht und von ihnen persönlich geprüft und abgezeichnet werden muss.

Was hindert die Solisten, ein Orchester zusammenzustellen und sich zum Dirigenten zu mausern? Es sind Motive, die wir alle kennen:

- Delegieren ist umständlich. Wenn ich es selber mache, geht es schneller.
- Ich weiß, dass ich es kann. Aber ich bin mir nicht sicher, wie die anderen damit klarkommen würden.

- Wenn ein anderer es besser macht als ich, verliere ich meine Reputation. Ich will niemanden in Versuchung führen, an meinem Stuhl zu sägen.
- Die anderen haben auch viel zu tun, da kann ich ihnen nicht noch meine Aufgaben zumuten.
- Ich werde nervös, wenn die Dinge ihren eigenen Gang gehen, ohne dass ich sie ständig überwache.
- Die Lage ist angespannt. Konzentriertes Arbeiten ist angesagt, kein Verzetteln über viele Köpfe.

Auf den ersten Blick wirken viele dieser Argumente vernünftig. Wer traut nicht seinen eigenen Augen mehr als denen anderer? Information aus erster Hand ist zuverlässiger als Dinge, die ich nur von anderen gehört habe. Dennoch verhält sich der Soloarbeiter zum delegierenden Teamchef wie ein traditioneller Tischler zu einer Möbelfabrik. Der Tischler wird im Laufe mehrerer Stunden mit viel Liebe zum Detail einen soliden und formschönen Stuhl bauen, der ein Leben lang hält. Eine kleine Fabrik mit zwanzig Beschäftigten kann in der gleichen Zeit nicht nur zwanzig Stühle, sondern zwanzig komplette Wohnzimmer abliefern.

Die Kunst des Delegierens besteht darin, wie ein Dirigent vor seinem Orchester aufzutreten. Verteilen Sie die Aufgaben auf einzelne Solostimmen, erteilen Sie weitreichende Vollmachten über die Ausführung – aber behalten Sie die Oberaufsicht über das Ganze. Jeder spielt sein Instrument, doch Sie schwingen den Taktstock. Dann werden Sie von den Vorteilen des Delegierens profitieren:

- Wer andere beauftragt, erhöht seine Autorität. Denn für einen Augenblick schlüpft er in die Rolle eines Chefs, auch wenn er nur den Nachbarn bittet, ihm aus der City ein paar Formulare mitzubringen, und verspricht, dafür auf seinen Hund Acht zu geben. Wer Aktionen anleitet, wird zum Leiter.
- Wer delegiert, fördert die Selbständigkeit und Eigenverantwortung anderer. Eigenständige Kinder, Mitarbeiter,

Partner und so weiter entlasten und verringern den eigenen Stresspegel.

- Delegieren erfordert Gespräche. Es knüpft enge Bande und erhöht die Führungskompetenz.
- Wiederholtes Delegieren formt schlagkräftige Teams und verringert den Arbeitsaufwand. Gruppen finden im Schnitt bessere Lösungen als Einzelkämpfer, weil das Können mehrerer in das Ergebnis einfließt.

So delegieren Sie mit Erfolg

Ob Sie Chef eines Stabes von Mitarbeitern sind oder nur einen Freund um Unterstützung in einer heiklen Angelegenheit bitten wollen - in beiden Fällen gelingt die Kunst des Delegierens, wenn Sie einige wenige Regeln beherzigen:

Teile und herrsche. Ein Berg von Aufgaben erscheint übermächtig, solange er sich als geschlossener Block vor Ihnen auftürmt. Lösen Sie so viele einzelne Brocken aus ihm heraus wie möglich. Denken Sie nicht nur an eilige Routinearbeiten, sondern vor allem an längerfristige Termine. Machen Sie eine Übersicht. Welche dieser Pflichten könnte ein anderer besser und mit geringerem Aufwand erledigen?

Motivieren und Beauftragen. Einen Freund werden Sie freundlich um Hilfe bitten. Als Chef könnten Sie einfach eine Weisung erteilen. Das ist aber der einzige Unterschied. In beiden Fällen gilt:

SAGEN SIE GENAU, WAS SIE WOLLEN. Wo es möglich ist, schriftlich. Dann gibt es hinterher keinen Streit, was Sie nun genau gesagt haben. Schicken Sie Ihre Kinder einkaufen, geben Sie eine Liste mit, auch wenn nur drei Dinge draufstehen. Selbst wenn Ihr Kind sagt: «Pah, das kann ich mir doch merken», zeigt die Liste hinterher zweifelsfrei, ob Ihr Kind Recht hatte.

ERKLÄREN SIE DIE HINTERGRÜNDE. Warum Sie den

Auftrag erteilen, wozu er im Rahmen des Ganzen dient, welches seine Vorgeschichte ist. Je genauer und konkreter Ihre Informationen, desto geringer die Gefahr von Missverständnissen.

LOBEN SIE. Sagen Sie: «Ich bitte dich darum, weil ich glaube, du kannst es besser als ich und jeder andere.» Heben Sie hervor, dass es sich um eine anspruchsvolle Aufgabe handelt, die Ihnen viel bedeutet. Stellen Sie eine Belohnung in Aussicht.

Übergeben Sie Freiräume für eigene Entscheidungen und Verantwortung. Nur das Ergebnis zählt für Sie. Sie überlassen dem anderen, wie er seine Aufgabe erledigt. Wenn er die Sache anders erledigen möchte, als Sie es getan hätten, oder nicht mit Ihnen über seinen Weg reden möchte – das ist sein gutes Recht. Sie mögen es auch nicht, wenn man Sie durch minuziöse Vorschriften gängelt. Wenn Sie eine unliebsame Variante von Vornherein ausschließen wollen, sagen Sie es sofort, wenn Sie Ihren Auftrag erteilen, und geben Sie eine schlüssige Begründung dafür.

Vereinbaren Sie Zwischenberichte bei länger dauernden Aufgaben. Lassen Sie sich informieren und auch Etappenergebnisse vorführen. Fragen Sie, ob es Probleme gibt und Unterstützung benötigt wird. Aber reden Sie auf keinen Fall in einen laufenden Prozess hinein. Ziehen Sie nur im äußersten Fall, wenn sich ein schwerer Schaden abzeichnet, die Notbremse. Langsame Fahrt bringt Sie schneller ans Ziel als das Kommando «Volle Fahrt zurück!». Wenn Sie sagen müssen: «So nicht!», haben Sie falsch delegiert.

Am schwersten fällt Delegieren Personen, die zum Perfektionismus neigen. Und perfekt scheint immer nur der eigene Weg zu sein. Im nächsten Kapitel werden wir noch sehen, warum eine Portion Unvollkommenheit das Leben sehr erleichtert.

Erkennen Sie Eigeninitiative an. Schlägt Ihr Kind, Partner oder Mitarbeiter einen anderen Weg ein, als Sie hofften - halten Sie Ihren Unmut zurück. Sagen Sie lieber: «Ich wäre nicht auf die Idee gekommen, die Sache auf diese Weise anzugehen. Mich interessiert, warum du so vorgegangen bist.» Loben Sie alles, was Ihnen an seinen Überlegungen gut erscheint. Wo Sie Bedenken haben, fragen Sie: «An dieser Stelle sehe ich folgende Schwierigkeit ... Wie wirst du damit umgehen?»

Bitten Sie um Feedback. Bieten Sie an, sich mit Ihnen über die Methode zu beraten und Sie jederzeit um Rat zu fragen. Selbständige Arbeit benötigt einen Vertrauensvorschuss. In beide Richtungen. Erklären Sie daher: «Ich würde es als Zeichen deines Vertrauens schätzen, wenn du mich auf dem Laufenden hieltest.» Rechtfertigen Sie dieses Vertrauen, indem Sie keinen niedermachen, der bekennen muss, sich auf seinem Weg verrannt zu haben. Äußern Sie Verständnis. Gewähren Sie ihm die Lernchance, aus seinen Schwierigkeiten einen eigenen Ausweg zu finden. Für Sie hat ein pünktlich abgeliefertes Ergebnis Priorität. Im Notfall gewähren Sie einen einmaligen Aufschub.

Revanchieren Sie sich mit Gegenleistungen. Wer Ihnen Lasten abnimmt, fördert Sie. Fördern Sie im Gegenzug Ihre Leute mit Lob, Unterstützung bei der Karriere, mit Ihren Kontakten, Erfahrungen, Entlastung von Routinearbeiten, anspruchsvolleren Aufgaben und lang ersehnten Belohnungen.

Stellen Sie die Mittel für die Realisierung zur Verfügung. Muss sich Ihr Beauftragter alles selbst beschaffen, sinkt nicht nur seine Motivation. Er fragt sich auch, warum er sich nicht gleich selbständig machen soll. Die Mittel sind nicht nur materieller Art. Dazu zählen auch Ihre Kontakte, Entlastung von anderen Aufgaben und das Aus-dem-Weg-Räumen jeglicher Hemmnisse.

Übernehmen Sie die Hauptverantwortung. Sie haben vertrauensvoll die Verantwortung für einen wichtigen Teilbereich abgegeben, und die Person hat die Angelegenheit voll gegen die Wand gefahren. Was nun? Für den konkreten Schaden liegt die Verantwortung bei dem Verursacher. Er hätte die Aufgabe ja ablehnen, Sie um Rat fragen oder zumindest seine Bedenken äußern können. Aber Sie haben die Aufgabe an ihn delegiert. Dafür übernehmen Sie die Verantwortung. In über 90 Prozent der Fälle hat diese Aufteilung der Verantwortlichkeit für Sie jedoch Vorteile. Denn von jedem gelungenen Job fällt ein Teil des Glanzes auf Sie zurück. Sie hatten für die richtige Aufgabe die richtige Person ausgewählt. Wurde ein neues Medikament oder ein neuer Stern entdeckt, gelangt der Name des Professors in die Schlagzeilen, auch wenn es seine Assistenten waren, die stundenlang an den Geräten standen. In der Wirtschaft und in der Politik ist es ähnlich.

Diese Fähigkeiten des Delegierens sind wichtiger als Charisma oder ein starker Charakter. Das ergab Mitte der neunziger Jahre eine Studie der Harvard Business School. Leidenschaft und Begeisterung reißen zwar die Leute mit, vor allem zu Anfang, sind aber keine Garantie für Durchhaltevermögen und klar strukturierte Aufgaben. Immer wieder kommt es vor, dass energiegeladene Führungspersönlichkeiten ihre Anhänger voll Enthusiasmus in den Untergang dirigieren. Wenn dagegen ein Mauerblümchen sich für seine Aufgaben und Kontakte ein Netzwerk schafft, dessen Fäden bei ihm zusammenlaufen, gewinnt es auch an Ausstrahlung und Autorität.

14. Verhalten Sie sich fehlerfreundlich

Wir Menschen sind die fehlerhaftesten Wesen dieser Welt. Unsere ältesten Vorfahren waren Einzeller. Sie lebten vor vier Milliarden Jahren im Urozean, einer stinkenden Brühe aus Schwefel, Methan, Ammoniak und anderen unappetitlichen Chemikalien. Sie vermehrten sich durch Teilung und gaben dabei Kopien ihrer Erbsubstanz weiter. Hätte diese Vermehrung perfekt funktioniert, wären wir immer noch Bakterien. Doch ab und zu schlichen sich Fehler ein, Mutationen. Eine kleine Erbinformation wurde falsch kopiert, eine andere zweimal abgelesen, eine dritte verkehrt herum eingefügt.

Die meisten Fehler blieben ohne Folgen. Die gesunden Teile des Erbguts der Bakterien merzten sie wieder aus. Doch einige brachten Lebewesen hervor, die sich von ihren Ahnen unterschieden. Manche Nachkommen besaßen neue Eigenschaften, die zu neuen Lebensräumen passten. Aus Bakterien wurden Würmer, Würmer entwickelten sich zu Schnecken, Fischen, Reptilien, Affen – bis einige zu Menschen mutierten. Unsere Gene sind eine einzige, vier Milliarden Jahre alte Anhäufung von Fehlern – vom Standpunkt der Bakterien aus betrachtet.

Die verführerische Ohnmacht des Perfektionismus

Wären wir perfekt gewesen und hätten jeden Fehler vermieden, würden wir noch immer als Einzeller den Ozean bevölkern. Immerhin, es gibt sie, die perfekt angepassten Lebewesen. Es sind die Bakterien von heute. Ihnen ist nie der Fehler unterlaufen, zu Zellverbänden zu wuchern, die ganzen vier Milliarden Jahre nicht. Sie haben nie Organe, den Sex, den individuellen Tod, ein Gehirn und ein Bewusstsein entwickeln müssen. Noch immer führen sie ein stilles Leben als Einzeller im feuchten Milieu, teilen sich, schwimmen und teilen sich weiter.

Manche von ihnen haben sogar gelernt, in und von uns – ihren fehlerhaften Abkömmlingen – zu leben. Wenn sie Krankheiten verursachen, bekämpfen wir sie. Nicht immer mit Erfolg, aber wir lernen ständig dazu. Dank unserer Fehler haben wir unseren Horizont um viele Dimensionen erweitert. Wir können über Welten nachdenken, die den Bakterien auf ewig verschlossen bleiben. Denn nur wer Fehler riskiert, kann auch aus Fehlern lernen.

Sicher kennen Sie den Spruch «Wer nichts tut, kann auch nichts falsch machen». Perfektionismus ist der Tod jeder Initiative. Nicht nur, weil man sich um eine Lernchance bringt. Wer unentwegt auf Fallstricke achtet, vergeudet seine Energie auf Absicherungsmanöver. Habe ich alle Fakten oft genug überprüft, habe ich nichts übersehen, sollte ich sicherheitshalber noch weitere Erkundigungen einziehen? Allen Eventualitäten vorbeugen kann die gesamte Lebenszeit in Anspruch nehmen. Es kann im schlimmsten Fall sogar jedes Ergebnis verhindern. In meiner Studienzeit erlebte ich einen äußerst begabten Doktoranden. Er wollte eine Forschungsarbeit über Herbert Marcuse schreiben, einen der Philosophen der 68er-Generation. Er sagte sich: «Zuerst muss ich mich mit seiner Biographie befassen. Aber halt – davor muss ich herausfinden, wie Herbert Marcuse selbst über seine Biographie dachte. Und dafür muss ich wissen, welchen Einfluss er dem eigenen Lebenslauf auf sein Philosophieren zuschrieb.»

Das war noch nicht das Ende seiner Überlegungen. Denn zuvor wollte er noch wissen, welche Denker Marcuses Auffassungen über Lebensläufe beeinflussten ... Wundert es Sie, dass der talentierte Jungakademiker seine Doktorarbeit nie beendet hat? Er schlug sich die Nächte um die Ohren, als ginge es nicht bloß um ein «Dr.» vor seinem Namen, sondern mindestens um den Nobelpreis. Mit ungeheurem Fleiß häufte er Berge von Material an, konnte daraus jedoch keine Doktorarbeit zusammenstellen. Er schaffte es nicht, sich mit einem vorläufigen, unvollkommenen Ergebnis zu begnügen. Er hätte ja nach erfolgreichem Abschluss tiefer in die Materie eindringen können. Stattdessen jobbt er heute im Arbeitsamt, wo er anderen gescheiterten Akademikern Weiterbildungskurse vermittelt.

Eine Chance für Pechvögel

Niemand fürchtet sich so sehr vor Krisen wie ein Perfektionist. Denn Krisen sind Zeiten der Ungewissheit. Die bisherigen Routinen brechen zusammen. Alles ist offen, keiner weiß, wohin die Reise geht. Der Perfektionist möchte aber im Voraus genau wissen, was auf ihn zukommt. Damit bringt er sich um eine große Chance. Festgefügte Abläufe, die keine Überraschungen bergen, bieten wenig Möglichkeiten, Einfluss zu nehmen. Es steht ja alles schon fest. Auch der weitere Lebenslauf. Am besten fühlen sich Perfektionisten in vorgegebenen Laufbahnen aufgehoben. Als Beamte oder in einer anderen Hierarchie, in der es nach einem bewährten Schema langsam, aber sicher aufwärts geht. Abkürzungen, Überraschungen und große Sprünge sind dort so selten wie ein Haushaltsüberschuss.

Unerwartete Ereignisse - eine Entlassungswelle im Betrieb oder privat eine Scheidung - zerstören den perfekt eingerichteten Lebensweg. Überlebenskünstler betrachten die Dinge genau anders herum. Eine Krise ist für sie die einzige Zeit, in der sie mit wenig Aufwand großartige Resultate erzielen können. Wenn wie durch ein Erdbeben alle Wände wackeln, brauchen Sie keinen Rammbock, um festgefügte Mauern zum Einsturz zu bringen. Ein kräftiger Stoß mit dem Arm genügt, und schon haben Sie freie Sicht für einen neuen Bau. Wer etwas Neues durchsetzen will und bislang am Widerstand seiner Umgebung scheiterte, kann in der Krise von der allgemeinen Ratlosigkeit profitieren.

Warum wehren wir uns dann mit Händen und Füßen gegen jede Art von Fehlern? Die meisten Menschen halten sogar dann noch an einem einmal eingeschlagenen Weg fest, wenn er bereits erhebliche Nachteile mit sich gebracht hat – um bloß nicht zuzugeben, dass sie sich geirrt haben. Das konnte der Bamberger Psychologe Dietrich Dörner zeigen. Er setzte in einem Computerspiel Freiwillige als Oberhäupter einer erfundenen 3700-Seelen-Stadt Lohhausen ein, die sich in wirtschaftlichen Schwierigkeiten befand. Die «Bürgermeister» schlugen verschiedene Wege ein, um der Probleme Herr zu werden. Einer nahm hohe Kredite auf. Ein anderer setzte im Gegenteil auf einen strengen Sparkurs. Ein dritter feuerte die Beamten und etablierte eine basisdemokratische Selbstverwaltung. Eines aber war allen gemeinsam. Als ihre Strategie die Stadt in eine noch tiefere Krise stürzte, hielten sie starr an ihrem Kurs fest, statt den Irrtum einzugestehen und sich nach Alternativen umzuschauen.

In einem ähnlichen Experiment an der Universität Gießen kam sogar heraus, dass sich die Teilnehmer nur in drei von zehn Fällen für die Folgen ihrer Entscheidungen interessierten. Zu mehr als zwei Dritteln wollten die Akteure nichts über die Konsequenzen ihrer Handlungen wissen. Augen zu und durch – bis zur finalen Katastrophe! Dieses Scheuklappenverhalten ist unvernünftig, gefährlich und dennoch leicht zu erklären. Es dient dem Selbstschutz. Wenn ich nachfrage, könnte ja unter Umständen herauskommen, dass die Sache nicht so glatt gelaufen ist, wie ich hoffte.

Warum möchten wir uns keine Blöße geben? Fehler gelten als ein Zeichen von Schwäche, Makellosigkeit als Stärke.

Und Stärke bedeutet vor allem Unangreifbarkeit. Wer sich bei keinem Fehler ertappen lässt, kann auch nicht kritisiert werden. Deswegen streben wir nur bei uns selbst danach, jeden Fehler zu vermeiden. Andere dürfen gern mal danebengreifen. Das finden wir sogar sympathisch. Denken Sie an alle Filmhelden, die Sie gerade deswegen mögen, weil sie so liebenswerte Schwächen aufweisen. Da ist der Detektiv mit uneingestandener Höhenangst, der Woody-Allen-Typ mit seiner Großstadtneurose und die junge Karrierefrau, die ihr chaotisches Privatleben nicht in den Griff bekommt. Jeder Promi weiß: Er kann auf Anhieb Sympathien gewinnen, wenn er sich im Interview zu einigen Macken bekennt. Wenn Ihnen wirklich mal ein perfekter Zeitgenosse begegnet – wirkt der nicht eher unheimlich auf Sie? Arrogant? Als jemand, der unbedingt etwas Besseres sein will?

Warum gehen wir dann mit unseren eigenen Fehlern so streng ins Gericht? «Fehlerfrei» ist für uns gleichbedeutend mit «überlegen». Wenn die anderen mindestens ebenso viele Fehler machen wie ich, kann ich mich ihnen gewachsen fühlen. Begehe ich mehr Irrtümer als sie, könnten sie auf mich herabschauen. Falls Sie eine solche Rechnung für sich selbst aufmachen – die anderen tun es auch. Jeder weiß insgeheim, dass ihm mehr Schnitzer unterlaufen, als er nach außen hin zugibt. Laut einem Bericht der französischen Tageszeitung «Le Monde» machen wir pro Arbeitstag mehr als zwanzig Fehler. Die meisten bemerken und korrigieren wir sofort. Nur die unbemerkten Missgriffe können sich zu einem ernsthaften Schaden auswachsen. Der entscheidende Unterschied zwischen Schwäche und Stärke lautet:

- Wenn ich einen Fehler zugeben **muss**, weil ich ertappt wurde, gebe ich mir eine Blöße. Das Eingeständnis ist peinlich. Ich habe eine Schwäche offenbart.
- Wenn ich einen Fehler zugeben **will**, den noch keiner bemerkt hat, ist es eine Stärke.

Malen Sie sich folgende Situation aus. Sie erheben sich in

der Dienstbesprechung von Ihrem Sitz und sagen: «Ich habe da einen Fehler gemacht.» Wie viel Tapferkeit und innere Überwindung würde Sie so ein Schritt kosten? Deswegen reagieren Sie, wenn einer Ihrer Kollegen diesen Mut aufbringt, mit Respekt. Verachtung erntet nur, wer erwischt wurde und mit hochrotem Kopf weiter nach Ausflüchten sucht.

Am meisten schadet sich, wer Fehler sogar vor sich selbst ableugnet. In einer feindlichen Umgebung, die jedes Versagen gnadenlos abstraft, kann es angebracht sein, den einen oder anderen Makel sorgfältig zu kaschieren. Aber im eigenen Kämmerlein ist Ehrlichkeit angebracht. Denn jeder Fehler löst eine kleine Krise aus, bietet also eine Lernchance. Nicht Sie haben versagt, sondern Ihr Verhalten war nicht geeignet, Sie zum Erfolg zu führen. Begrüßen Sie Ihre Fehler wie gute Freunde:

1. Benennen Sie Ihren Fehler im Detail und ohne Beschönigung.
2. Forschen Sie nach den Ursachen. In der Regel entfallen sie zu gleichen Teilen auf Ihr Verhalten und auf Ihre Umgebung.
3. Was können Sie daraus lernen? Beschaffen Sie sich weitere Informationen, fragen Sie Freunde nach ihrer Meinung und probieren Sie neue Strategien aus.

Tricksen Sie den Fehlerteufel aus

Die beste Methode, peinliche Situationen zu vermeiden, besteht nicht in der Totalabsicherung. Sondern in der cleveren Strategie, von vornherein eine fehlerfreundliche Atmosphäre zu schaffen, in der Sie Fehler rechtzeitig bemerken und beheben. In der ein Missgeschick keinen Weltuntergang bedeutet, sondern vom Stress entlastet.

Prioritäten setzen. Wenn Sie gern besser sein wollen als andere – beschränken Sie Ihren Ehrgeiz auf ein, zwei Felder. Besonders Frauen laufen Gefahr, in die Falle des Allround-Perfektionismus zu tappen. Niemand kann zugleich Spitze als Geliebte, Mutter, Hausfrau und im Job sein. Sie erinnern sich: Wer in vielen Nischen perfekt sein will, ist in keiner wirklich gut. Perfektionismus kann schaden. Seit einigen Jahren ist bekannt, dass Kinder anfällig für Allergien und Krankheiten werden, die ihr eigenes Immunsystem angreifen (von Jugenddiabetes bis Rheuma), wenn sie in einer perfekt gesäuberten Umgebung aufwachsen. Dass Kinder gern in Pfützen tapsen und im Schmutz wühlen, dient ihrer Gesundheit. Ihr Immunsystem braucht den Kontakt mit Keimen, um zu lernen, sie von körpereigenem Gewebe und harmlosen Substanzen zu unterscheiden. Es ist also nicht nur unnötig, jedes Stäubchen zu beseitigen, sondern auch gefährlich.

Um Rückmeldungen bitten. Warum wollen Sie im Alleingang jedem möglichen Reinfall vorbeugen? Delegieren Sie diese Aufgabe an Ihre Freunde. Sagen Sie: «Wenn ich mich verrennen sollte, dann warnt mich rechtzeitig.» Mit dieser Absicherung im Rücken können Sie nun unbekümmert draufloswirtschaften. Das klappt natürlich nur, wenn Sie auch bereit sind, auf Warnungen und Kritik zu hören. Sie müssen ja nicht alles auf Anhieb glauben. Sagen Sie zunächst nur: «Danke. Ich werde darüber nachdenken.» Überprüfen Sie mit einigem Abstand die Lage, und entscheiden Sie dann, ob Sie weitermachen wie bisher oder Ihren Kurs wechseln.

Erster statt Bester. Die amerikanischen Marketingexperten Al Ries und Jack Trout haben mehr als 25 Jahre verfolgt, welche Verhaltensweisen Firmen zu einem Vorsprung gegenüber der Konkurrenz verhelfen. Ihr Fazit: Es nützt nichts, Bester zu sein, wenn ein anderer halb so gut, dafür aber schneller ist. Die Welt ist voll von fleißigen und solide ackernden Strebern, die sich über Luftikusse ärgern, die ein mangelhaftes Ergebnis hinpfuschen und trotzdem die Nase vorn haben. Sehen Sie die Sache mal vom Standpunkt des Produktnutzers. Was nützt ihm heute ein Versprechen, in drei Jahren ein perfektes Resultat vorzufinden? Was die Konkurrenz vorgelegt hat, mag stümperhaft sein. Aber es ist wenigstens da.

Lieber vorläufig als nie. Wie viele «ewige» Friedensverträge wurden im Laufe der Geschichte geschlossen! Alle stellten sich als vorläufig heraus. Auch die meisten Erfindungen – vom Auto bis zum Computer – hatten ihre Kinderkrankheiten. Dennoch wäre niemand auf die Idee gekommen, auf sie zu verzichten. Ihre Mängel boten vielmehr jede Menge Gelegenheiten, sie zu verbessern und auf diesem Wege mehr über ihre Funktionsweise zu lernen. Hätte der mittelalterliche Baumeister der ersten mechanischen Uhr warten wollen, bis er die heutige Ganggenauigkeit realisierte, wären wir immer noch auf Zeitschätzungen nach dem Sonnenstand angewiesen. Das Prinzip «Learning by doing» bedeutet auch: erst einmal anfangen, sehen, wie die Sache läuft, ihre Macken in Kauf nehmen und sie nach und nach verbessern.

80 Prozent anpeilen. Wer Ihnen 100 Prozent verspricht, macht Ihnen etwas vor. Es gibt weder 100 Prozent Sicherheit noch 100 Prozent Perfektion. Die Marketingstrategen benutzen folgenden Trick: Sie planen 80 Prozent und geben Sie als 100 Prozent aus. In Wahrheit behalten sie noch 20 Prozent in Reserve. Mit ihnen können sie Fehler beheben. Engpässe bewältigen und, wenn alles gut läuft, ihre Zielmarke um ein paar Punkte überbieten. Machen Sie es genauso. Versprechen Sie ein etwas bescheideneres Resultat als das Maximum. Dafür können Sie Ihr Versprechen 100-prozentig einhalten.

Experimentieren Sie. Perfektionisten versuchen, jedes Detail zu planen und sich sklavisch an ihre Vorgaben zu halten. Da bleibt wenig Platz für Intuition und Improvisation. Bieten sich überraschende Chancen, können sie die nicht nutzen. Im Gegenteil, sie stören sogar den schönen, sorgfältig erdachten Plan. Legen Sie Ihr Ziel so genau wie möglich fest, aber lassen Sie sich Spielräume für den Weg dorthin. Rechnen Sie unterwegs mit Korrekturen. Die westliche Ökonomie hat über die Planwirtschaft den Sieg davongetragen, weil sie Raum für Anpassungen lässt. Bahnen Sie sich Ihren Weg mit Versuch und Irrtum. Da werden Ihnen viele kleine Fehler unterlaufen, aber niemals der große Reinfall, bei dem alles zusammenbricht.

15.
Gönnen Sie sich eine Auszeit

Stellen Sie sich vor, Sie wären ein Tier, das während einer Dürre überleben müsste. Wie würden Sie sich verhalten?

Wie eine Ameise: Sie würden noch fleißiger werden und noch mehr Stunden den Boden absuchen, um gemeinsam mit ebenso fleißigen Kameraden jedes Fitzelchen Grün, das Sie finden können, in Ihren Bau zu tragen.

Wie eine Eule: Sie gingen nachts, wenn alle schlafen, allein auf die Pirsch, um abseits von den üblichen Pfaden die Beute aufzuspüren, die die übrigen Waldbewohner übersehen haben.

Wie ein Hamster im Laufrad: Sie begeben sich unter die Obhut eines Versorgers, den Sie mit Rennen auf der Stelle und anderen putzigen Tricks bei Laune halten, damit er Sie ernährt.

Wie ein Faultier: Sie fahren alle Aktivitäten herunter und verschlafen die meiste Zeit. Sie leben von Ihrer Substanz. Sie wissen, in spätestens sechs Monaten beginnt die Regenzeit, dann werden Sie wieder munter und aktiv.

Die Anpassungsfalle

Wenn die Lage schwierig wird, neigen wir Menschen dazu, erst einmal uns selbst die Schuld zu geben. Bislang bin ich doch glänzend zurechtgekommen, wieso jetzt nicht mehr? Was mache ich falsch? Was muss ich also unternehmen, wenn die Glückssträhne abflaut? Ich strenge mich noch mehr an, um mein Niveau zu halten. Um die gleiche Menge

Aufträge zu erhalten, um vom Partner dieselbe innige Zuneigung zu erfahren, um bloß nicht auf der Stelle zu treten oder gar zurückzufallen. Dahinter steckt unser Glaube an Trends. Was bisher gut lief, muss weiter gut oder noch besser laufen. Wenn nicht, muss ich neuerdings was verkehrt machen.

Wenn uns eine Erfolgswelle nach oben trägt, ist es sinnvoll, mehr zu arbeiten als sonst. Wenn das Geschäft floriert, kann es lohnen, abends und am Wochenende ein paar Stunden dranzuhängen. Doch wenn sich die Umstände ändern – warum dann weiter ackern wie bisher? Warum fahren wir die Arbeit nicht auf ein sanftes Maß zurück, wenn ohnehin nicht mehr viel dabei herauskommt?

In Zeiten der Stagnation treffen nicht mehr so viel Aufträge ein wie früher. Nun noch mehr zu schuften, wird den Abschwung nicht bremsen. Hier lauert eine gefährliche seelische Falle. Wir neigen dazu, unseren persönlichen Erfolg an den Anstrengungen zu messen, die wir in ihn investiert haben. An leichten Siegen, die einem quasi in den Schoß gefallen sind, kann sich kaum jemand so recht erfreuen. Sie wirken unverdient. Umgekehrt fühlen wir uns umso erfolgreicher, je mehr Willenskraft wir aufbringen mussten. Auf ein Resultat, das wir mit großer Mühe und viel Überwindung erzielt haben, sind wir besonders stolz.

Wenn Sie einen Frosch in einen Topf mit heißem Wasser werfen, wird er sofort herausspringen. Setzen Sie ihn dagegen in kaltes Wasser, bleibt er drin. Nun erhitzen Sie das Wasser langsam. Glauben Sie, der Frosch hüpft heraus, sobald es unangenehm heiß wird? Keineswegs. Er versucht, sich an die allmähliche Verschlechterung zu gewöhnen. Wenn das Wasser die gleiche Hitze erreicht hat wie im ersten Fall, paddelt der Frosch immer noch im Topf umher und stirbt.

Der Mensch handelt nur wenig klüger. Aus heißem Wasser würde er (hoffentlich) rechtzeitig aussteigen. Doch wenn es um die Arbeit geht, läuft er Gefahr, in die gleiche Anpassungsfalle zu tappen wie sein grüner glitschiger Kollege aus dem Teich. Der positive und beflügelnde Stress der Erfolgsjahre, der zu Anfang wie ein Ansporn wirkte und die Stimmung hob, verwandelt sich in einen mühseligen Kampf gegen einen unaufhaltsamen Abwärtstrend. Wäre der Job gleich zu Anfang undankbar gewesen, hätte man sich gar nicht erst beworben. Doch wenden sich die Dinge vom Besseren zum Schlechteren, passen wir uns an. Aus Eustress (positivem Stress) wird Distress (negativer, belastender Stress). Aus Arbeitsfreude wird Arbeitssucht. Der Bremer Wirtschaftsforscher Holger Heide hat beobachtet, wie die Arbeitssucht sich bei uns binnen zehn Jahren in ein gefährliches Massenphänomen verwandelt hat: «Die Arbeitsleistung steigt enorm. Die Selbstausbeutung, die wir früher schon in selbständigen Berufen wie bei Rechtsanwälten beobachten konnten, trifft nun auch Angestellte.»

Das ist das System von Zuckerbrot und Peitsche. Einerseits hoffen wir auf Belohnungen durch Anerkennung und Geld, andererseits fürchten wir Entlassungen und Bankrott, wenn wir ausscheren. 60 Prozent der Deutschen machen Überstunden, ohne zu murren. Mehr als 40 Prozent arbeiten bis zu 50 Stunden in der Woche, 20 Prozent noch mehr. Das ergab eine Umfrage beim Jobportal monster.de. Wenn Betriebe wieder die 40-Stunden-Woche einführen, legalisieren sie nur einen Zustand, der inoffiziell schon längst üblich geworden ist.

Von der Arbeitssucht zum Burnout

Arbeitssucht hat viele Gesichter. Die Anpassungsfalle tritt in vier Erscheinungsformen auf:

Die Perfektionismusfalle. Ihr sind wir schon im letzten Kapitel begegnet. Der Workaholic arbeitet so viel und so lange, bis alles perfekt ist. Leider wird er den Zustand der Zufriedenheit nie erreichen. Es gibt immer noch etwas zu verbessern. Also schuftet er rund um die Uhr. Selbst wenn er ein Projekt ans Ziel geführt hat, kann er ja sicherheitshalber schon einmal das nächste vorbereiten. Zwanghafte Perfektionisten haben immer zu tun, auch im Urlaub. Haben sie gerade keinen Computer bei der Hand oder irgendein Werkzeug, kreisen ihre Gedanken um die nächste Aufgabe.

Die Besessenheitsfalle. Manch einer wird von einem Anfall von Arbeitsbegeisterung gepackt, wenn er einen guten Einfall hat oder sich neue Erfolgsaussichten abzeichnen. Er stürzt sich in seinen Aufgabe, arbeitet einige Tage wie verrückt. Dann lässt die Begeisterung nach, und depressive Stimmung stellt sich ein. Er fühlt sich ausgelaugt wie ein Quartalssäufer nach einer Zechtour. Bis nach einigen Wochen ein neuer Anfall folgt. Mit der Zeit folgen die Anfälle von Besessenheit in schnelleren Abständen aufeinander und halten immer kürzere Zeit an.

Die Heimlichkeitsfalle. Manch einen plagt das schlechte Gewissen. Er schämt sich, dass er nicht innerhalb von wenigen Arbeitsstunden großartige Ergebnisse hinlegt. Wenn er Überstunden macht, schadet er seinem Familienleben. Also arbeitet er heimlich. Er zieht sich in sein Zimmer zurück, angeblich, um auszuspannen. In Wahrheit aber geht er die Papiere durch, die er im Büro nicht bewältigt hat. Allmählich knapst er immer mehr Familienzeit ab, und seine Vorwände werden immer fadenscheiniger. Irgendwann fliegt der Schwindel auf.

Die Vermeidungsfalle. Längere Phasen der Überarbeitung können in negative Arbeitssucht umschlagen. Eine chronische Unlust erstickt jede Aktivität schon im Keim. Der Betroffene arbeitet nur noch unter äußerem Druck. Ansonsten drehen sich seine Gedanken nur um die Frage, wie er sich um anliegende Verpflichtungen herummogeln kann. Auch wer sich drückt, ist von der Arbeit besessen – indem er sie fürchtet.

Führt Arbeitssucht zu krankhafter Erschöpfung, spricht

man vom Burnout-Syndrom. Es tritt ein, wenn die Befriedigung durch die Arbeit weit hinter den Anstrengungen zurückbleibt, die sie abverlangt. In sozialen Berufen ist die Burnout-Gefahr am größten. Nörgelnde Kunden, zeternde Patienten, aufsässige Schüler, undankbare Pflege- und Sozialfälle, die ihre Betreuer nur ausnutzen – bei dem Dauerbeschuss negativer Reaktionen verlieren Berater, Ärzte, Lehrer, Altenpfleger und Sozialarbeiter jegliche Motivation. Viele von ihnen leiden jenseits der vierzig an chronischen Krankheiten und anhaltenden Erschöpfungszuständen.

Dennoch finden sich in allen Berufen immer wieder Menschen, die auch mit extremen Belastungen erstaunlich gut fertig werden. Sie sind weder besonders robust noch kaltschnäuzig. Sie sind vielmehr Überlebenskünstler, die Krisen erkennen, akzeptieren und clever damit umgehen.

Downshifting: Weniger ist mehr

Seit einigen Jahren ist es üblich geworden, das Lob der Selbstausbeutung zu singen. Es heißt dann: «Er hat sich wenigstens bemüht.» Auch wenn am Ende nur Erschöpfung und Verzweiflung über die Aussichtslosigkeit des Bemühens stehen. Ein anderer sagt: «Aus diesem sinnlosen Gedränge um die viel zu knappen Pfründe halte ich mich heraus.» Er fällt dem einmütigen Tadel anheim.

Dennoch handelt klüger, wer nicht dauernd mit dem Kopf gegen die Wand anrennt. Das zeigten die Studien über Menschen in sozialen Berufen, die trotz widriger Bedingungen ihre Motivation und Leistungskraft bewahrten. Bleibt der Erfolg aus, gilt es, Gelassenheit zu bewahren. Sie schützt die seelische Gesundheit. Damit behalten Sie die Kraft, sofort aktiv zu werden, wenn die Signale wieder auf Grün schalten.

Das Konzept, das dahintersteht, heißt Downshifting, zu Deutsch «Herunterschalten». Es kommt aus den USA und ist eine Gegenreaktion auf die Arbeitshetze der letzten Jahre. Gehen trotz Mehrarbeit die Erfolge zurück, schalten Sie Ihre Leistung auf Sparflamme. Versuchen Sie nicht, mit Brachialgewalt einen Sieg über ungünstige Umstände zu erzwingen. Selbst wenn es Ihnen gelänge: Der Preis an seelischer Kraft, den Sie zu zahlen hätten, wäre unverhältnismäßig hoch. Verzichten Sie auf den zu teuer bezahlten Sieg. Nutzen Sie die Zeit lieber, um neue Energie zu tanken. Bereiten Sie sich auf den nächsten Aufschwung vor.

Innerlich kündigen. Wenn Sie merken, dass Sie anfangen, die Zähne zusammenzubeißen, um einen Abwärtstrend aufzuhalten – ziehen Sie in Gedanken die Notbremse. Steigen Sie ab von Ihrer Antriebslok. Treten Sie ein Stück zurück und betrachten Sie Ihren Zug mit innerer Distanz. Wenn er eine Weile stehen bleibt oder im Schontempo Richtung Bahnhof dampft, kommt er sicherer ans Ziel, als wenn Sie ihn beschleunigen und in einer engen Kurve die Wagen aus den Gleisen springen.

Ausgleich durch Hobbys. Wenn die Arbeit nicht mehr effektiv ist, verlagern Sie den Schwerpunkt auf Ihre Freizeitinteressen. Beschränken Sie sich in Ihrem Job auf ein Minimum. Reiten Sie stattdessen Steckenpferde, die mit Ihrer Arbeit möglichst wenig Ähnlichkeit haben. Damit belohnen Sie sich für die Leistung, die Sie vorher, während des Aufwärtstrends, vollbracht haben. Sie erholen sich. Sie richten Ihren Blick auf andere Lebensbereiche. So sind schon viele kreative Ideen zustande gekommen. Newton soll den entscheidenden Einfall für seine Physik der Schwerkraft erhalten haben, als er müßig im Garten lag und einen Apfel zu Boden fallen sah.

Fitness. Nutzen Sie die Flaute für Ihre Gesundheit. Bringen Sie Ihren Körper auf Vordermann, um für das kommende Hoch gewappnet zu sein. Doch ob Sie nun inlineskaten, walken, Rad fahren oder schwimmen – auch in der Freizeit lauert die Stressfalle. Kämpfen Sie nicht gegen Stoppuhr und

Trainingsplan. Nehmen Sie sich nur eine bestimmte Strecke vor und bewältigen Sie die in einem gemächlichen Tempo, das Sie bestenfalls in leichtes Schwitzen bringt. Auf das Durchhalten kommt es an, nicht auf Meter und Sekunden.

Muße. Schalten Sie vom Muss auf Muße. Gönnen Sie sich Phasen der Gemächlichkeit. Verrichten Sie Ihre gewohnten Handlungen absichtlich mal nur mit halbem Tempo. Wenn Sie sich bei unnötiger Eile ertappen, verlangsamen Sie Ihren Schritt, als zögen Sie eine Schnecke an einer Leine hinter sich her. Lehnen Sie sich ab und zu zurück und zaubern Sie ein Lächeln auf Ihre Lippen. Einfach so, in Erinnerung an angenehme Stunden. Reservieren Sie einmal im Monat einen Muße-Tag, an dem Sie das Telefon ausstöpseln, das Handy abschalten und nur von sich hin träumen. Sollten Sie sich beim Grübeln über künftige Sorgen oder vergangene Versäumnisse ertappen, schließen Sie die Augen und lassen minutenlang das Bild einer Wiesenlandschaft vor einem Felsen mit rauschendem Wasserfall vor sich auftauchen.

Wenn Sie schon immer mal ein Haus bauen oder eine Weltreise unternehmen wollten – eine Flaute ist dafür die beste Zeit. Da alle Anstrengungen ohnehin nicht viel bringen, machen Sie sich das nächste halbe Jahr zum Geschenk. Wenn Ihnen das nötige Kleingeld fehlt: Die meisten Dinge, die glücklich machen, kosten wenig bis gar nichts. Unternehmen Sie Wanderungen. Erkunden Sie die Landschaften Ihrer Umgebung. Holen Sie sich gute Bücher aus der nächsten Bibliothek. Wenn Sie von Ihrer Liebe verlassen wurden, gehen Sie an Orte, wo man Leute kennen lernt. Oder chatten Sie mit Gleichgesinnten im Internet. Tauschen Sie sich mit anderen Überlebenskünstlern aus. Es wäre nicht das erste Mal, dass aus solchen Begegnungen neue Ideen und neue Projekte entstehen, die Sie aus einem Wellental auf eine neue Woge und binnen kurzer Zeit auf Ihren Gipfel heben werden.

Literatur

Armstrong, Michael: *Die Geheimnisse erfolgreicher Manager. Erprobte Techniken und Strategien von A–Z.* Ueberreuter: Wien 1990.

Chomsky, Noam: *Sprache und Geist.* Suhrkamp: Frankfurt/M. 1970.

Dörner, Dietrich: *Die Logik des Misslingens. Strategisches Denken in komplexen Situationen.* Rowohlt: Reinbek 1989.

Fassel, Diane: *Wir arbeiten uns noch zu Tode. Die vielen Gesichter der Arbeitssucht.* Kösel: München 1991.

Fehringer, Andrea/Reischl, Gerald/Stadlbauer, Clemens: *Die Glücksfalle. Erfinder-Schicksale & Ideen-Diebstähle.* Ueberreuter: Wien 2002.

Gates, Bill: *Der Weg nach vorn. Die Zukunft der Informationsgesellschaft.* Heyne: München 1997.

Gigerenzer, Gerd: *Das Einmaleins der Skepsis.* Berlin Verlag: Berlin 2002.

Hecht, Martin: *Das große Jagen. Auf der Suche nach dem erfolgreichen Leben.* Deutscher Taschenbuch Verlag: München 2004.

Lee Iacocca/Sonny Kleinfield: *Mein amerikanischer Traum.* ECON: Düsseldorf, Wien, New York 1988.

Joly, Maurice: *Das Handbuch des Aufsteigers.* Piper: München, Zürich 2004.

Klein, Stefan: *Alles Zufall. Die Kraft, die unser Leben bestimmt.* Rowohlt: Reinbek 2004.

Kostolany, André: *Der große Kostolany.* ECON: München 2000.

Lorenz, Konrad: *Vergleichende Verhaltensforschung. Grundlagen der Ethologie.* Springer: Wien, New York 1978.

Machiavelli, Niccolò: *Der Fürst.* Insel: Frankfurt/M. 2001.

Moser, Sepp: *Wie sicher ist das Fliegen?* Orell Füssli: Zürich 2004.

Naumann, Frank: *Die Kunst der Diplomatie. Zwanzig Gesetze für sanfte Sieger.* Rowohlt: Reinbek 2003.

Naumann, Frank: *Die Kunst des Smalltalk. Leicht ins Gespräch kommen, locker Kontakte knüpfen.* Rowohlt: Reinbek 2001.

Noll, Peter/Bachmann, Hans Rudolf: *Der kleine Machiavelli. Handbuch der Macht für den alltäglichen Gebrauch.* Piper: München 1991.

Parkinson, C. Northcote: *Parkinsons neues Gesetz.* ECON: Düsseldorf, Wien 1982.

Ogger, Günter: *Die Gründerjahre. Als der Kapitalismus jung und verwegen war.* Knaur: München 1995.

Ogger, Günter: *Nieten in Nadelstreifen. Deutschlands Manager im Zwielicht.* Droemer Knaur: München 1992.

Peter, Laurence J./Hull, Raymond: *Das Peter-Prinzip oder Die Hierarchie der Unfähigen.* Rowohlt: Reinbek 1970.

Pinker, Steven: *Der Sprachinstinkt.* Kindler: München 1996.

Schirrmacher, Frank: *Das Methusalem-Komplott.* Blessing: München 2004.

Schumpeter, Joseph A.: *Theorie der wirtschaftlichen Entwicklung.* Duncker & Humblot: Berlin 1997.

Seiwert, Lothar: *Don't hurry, be happy. In 5 Schritten zum Lebenskünstler.* Gräfe und Unzer: München 2003.

Seligman, Martin: *Pessimisten küsst man nicht. Optimismus kann man lernen.* Droemer Knaur: München 1991.

Wuketits, Franz M.: *Grundriss der Evolutionstheorie.* Wissenschaftliche Buchgesellschaft: Darmstadt 1989.

Im Internet:

www.egonet.de

www.wissenschaft.de

www.wu-wien.ac.at/inst/vw3/telematik/download/wsg5.pdf